통합교과 시리즈
참 잘했어요 사회 ❷

바쁘다 바빠, 우리 대통령

ⓒ 글 황근기, 2013

**1판 1쇄 발행** 2013년 10월 1일 | **1판 3쇄 발행** 2021년 10월 15일

**글** 황근기 | **그림** 홍기한 | **감수** 초등교사모임

**펴낸이** 권준구 | **펴낸곳** (주)지학사

**본부장** 황홍규 | **편집장** 윤소현 | **팀장** 문지연 김지영 | **편집** 양선화 박보영 이인선

**디자인** 이혜리 | **제작** 김현정 이진형 강석준 방연주 | **마케팅** 송성만 손정빈 윤솔옥 이예현

**등록** 2010년 1월 29일(제313-2010-24호) | **주소** 서울시 마포구 신촌로6길 5

**전화** 02.330.5297 | **팩스** 02.3141.4488 | **이메일** arbolbooks@jihak.co.kr

ISBN 978-89-94700-67-0 64300

ISBN 978-89-94700-68-7 74300(세트)

잘못된 책은 구입하신 곳에서 바꿔 드립니다.

 **제조국** 대한민국    **사용연령** 8세 이상

KC마크는 이 제품이 공통안전기준에 적합하였음을 의미합니다.

 아르볼은 '나무'를 뜻하는 스페인어. 어린이들의 마음에 담긴 씨앗을 알찬 열매로 맺게 하는 나무가 되겠습니다.

**홈페이지** www.jihak.co.kr/arb/book | **포스트** post.naver.com/arbolbooks

참 잘했어요 사회

# 바쁘다 바빠, 우리 대통령

글 황근기 | 그림 홍기한 | 감수 초등교사모임

지학사아르볼

## 펴냄 글

### 사회는 **왜** 어려울까?

1. 역사·경제·지리·문화·정치 등 공부해야 할 범위가 넓다.
2. 책이나 교과서를 볼 땐 이해할 것 같다가도 돌아서면 헷갈린다.
3. 사회 교과를 공부하기 위해 꼭 알아야 할 단어가 너무 어렵다.
4. 사회 공부 책은 글만 빽빽이 많아서 지루하다.

### 사회 공부, 쉽게 하려면 **통합교과** 시리즈를 펼치자!

**통합교과**란?
- 서로 다른 교과를 주제나 활동 중심으로 엮은 새로운 개념의 교과
- 하나의 주제를 **개념·역사·경제·사회·과학·수학·인물** 등 다양한 교과 영역에서 접근해 정보 전달 효과를 높임

### 이런 학생들에게 통합교과 시리즈를 추천합니다!

사회 교과를 처음 배우는 초등학교 **3학년**

사회가 지겹고 어렵게 느껴지는 **4학년**

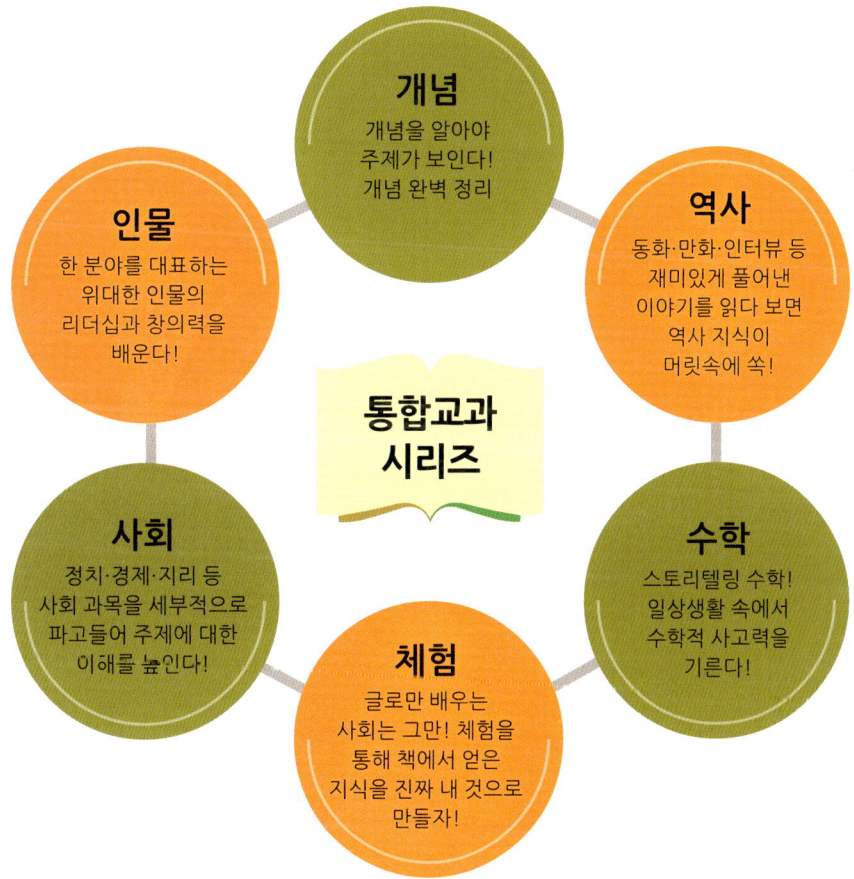

## 차례

### 1. 바쁘다 바빠, 대통령은 울트라 슈퍼맨? `개념` 대통령이란?

- 16   대통령이 원수라고?
- 18   나라 살림을 꾸려 나가는 대통령
- 20   대통령의 하루 일과는? - 대통령의 권한
- 24   대통령이 꼭 지켜야 하는 일! - 대통령의 의무

### 2. 두둥! 세계 최초의 대통령 탄생! `역사` 정치 제도의 역사

- 36   정치는 언제부터 시작됐을까?
- 38   왕이 엄지손가락만 까닥하면 죽은 목숨이야! - 군주제
- 40   나라의 주인은 왕이 아냐! - 입헌 군주제·공화제
- 42   아하! 그래서 대통령제가 생겨났구나!
- 44   우리나라의 대통령제는 언제 생겨났을까?
- 46   나라마다 달라!

### 3. 엎치락뒤치락! 대통령 선거 도전기 `정치` 대통령 선거와 투표

- 58   대통령은 아무나 할 수 없어!
- 60   민주주의의 꽃, 선거와 투표!
- 62   선거할 때 꼭 지켜야 할 것들!
- 64   대통령 후보 등록부터 취임식까지
- 66   투표는 어떻게 할까?
- 68   선거일에 하면 안 되는 것 VS 해도 되는 것

### 4. 특명, 대통령 선거 운동에서 이겨라!   수학 표와 그래프, 확률

- 80　자료야, 표로 바뀌어라! 뽀로롱!
- 82　길고 짧은 막대기들이 나란히! 막대그래프
- 84　피자같이 둥근 모양, 원그래프
- 86　얼마나 변했을까? 꺾은선 그래프
- 88　알쏭달쏭 확률

### 5. 좌충우돌, 청와대 관람   체험 청와대

- 100　대통령이 나랏일을 보는 곳, 청와대
- 102　나라의 새 소식을 전하는 곳, 춘추관
- 103　청와대에서 가장 아름다운 곳, 녹지원
- 104　우리나라 전통 한옥 건물, 상춘재
- 105　좋은 기운이 흐르는 자리, 수궁터
- 106　대통령이 나랏일을 보는 곳, 본관
- 107　손님을 맞는 영빈관, 관람객의 쉼터 무궁화 동산!

- 112　**워크북**

## 등장인물

**뽀글이**
머나먼 안드로메다은하에서 온 외계인. 대한초등학교 3학년 어린이로 변신해 정체를 숨기고 지구에 살고 있다.
어느 날, 대한민국 대통령이 될 만한 요원을 보내 달라고 안드로메다에 연락한다.

### 까미

대한민국 대통령이 되기 위해 안드로메다에서 온 외계인. 상황에 따라 외모를 마음대로 바꿀 수 있다. 지구에 처음 와서 모르는 게 많다. 뽀글이와 함께 대통령에 관해 배우며 대통령 선거에서 당선되기 위해 노력한다.

# 1 바쁘다 바빠, 대통령은 울트라 슈퍼맨?

개념: 대통령이란?

# 외계인 까미, 대한민국에 오다!

안녕, 내 이름은 뽀글이야!

이름이 왜 그러냐고? 그냥 머리가 뽀글뽀글하다고 해서 뽀글이라고 지은 거야. 후후.

나는 대한 초등학교 3학년이야. 하지만 평범한 초등학생이 아니지. 놀라지 마! 너희한테만 얘기하는 건데, 난 안드로메다은하에서 온 외계인이야. 말이 나온 김에 비밀 한 가지 더 알려 줄까? 대한민국에는 안드로메다에서 온 외계인들이 많아. 물론 외모를 바꾸어 숨어 살고 있기 때문에 사람들은 전혀 눈치채지 못하고 있지.

하지만 외계인으로 지구에 산다는 건 불편한 점이 많아. 규칙이나 법 등이 안드로메다와 달라서 모르는 것도 많고.

그런데 얼마 전, 갑자기 이런 생각이 들지 뭐야.

'안드로메다 외계인이 대한민국 대통령이 되면 안드로메다 인들이 좀 더 편하게 살 수 있지 않을까?'

나는 꽁꽁 숨겨 두었던 우주 무전기를 꺼내 안드로메다에 연락했어.

"아아, 안드로메다 본부 응답하라. 오바!"
"여기는 안드로메다! 당신은 누구냐?"
"지구의 대한민국에 살고 있는 뽀글이 요원입니다."
"아, 뽀글이 요원, 무슨 일인가?"

나는 안드로메다에서 가장 똑똑한 요원 한 명을 보내 달라고 요청했지. 대통령 후보로 나설 요원 말이야. 안드로메다 본부에서는 내가 아주 좋은 생각을 했다고 침이 마르도록 칭찬을 해 줬단다.

"잘 알았다. 뽀글이 요원! 지금 즉시 안드로메다에서 가장 똑똑한 요원을 보내도록 하겠다. 그 요원이 대한민국 대통령에 당선될 수 있도록 도와주기 바란다. 오바!"
"네!"

며칠 뒤, 나는 안드로메다에서 온 우주선을 맞이하기 위해 뒷산으로 올라갔어. 누가 보면 어떡하느냐고? 걱정 마. 안드로메다 우주선은 투명 보호막에 덮여 있어서 사람들 눈에는 안 보이거든. 드디어 우주선 문이 열리고 안드로메다에서 온 요원이 나타났지! 두근두근!

"안녕! 나는 까미라고 해. 뽀글이 요원이지? 만나서 반가워."

그런데 얘가, 이게 뭐야? 쟤가 안드로메다에서 제일 똑똑한 요원이라고? 저 난쟁이 똥자루만 한 꼬마가?

"아, 안녕. 그런데 까미야. 너 정말 대한민국 대통령이 될 자신 있니?"

그러자 까미가 뭐라고 했는지 아니?

"당연하지! 그런데…… 대통령이 뭐야?"
"너, 너, 너 대통령이 뭔지도 모르고 왔단 말이야? 안드로메다에서 제일 똑똑하다며?"
"응. 안드로메다에서는 내가 제일 똑똑해. 하지만 이곳 사정은 하나도 모르지. 대통령이 되어야 한다는 것만 듣고 왔어. 네가 대통령에 대해 잘 가르쳐 줄 거라고 하던데?"

까미의 말을 듣는 순간 눈앞이 깜깜해졌어. 대통령 선거가 얼마 안 남았는데, 대통령이 뭔지도 모른다니. 이게 말이 되냐고!

"까미야, 대통령 선거에 나가려면 대통령에 대해서 아주 많은 것을 알아야 하는데……."

나는 머리가 지끈지끈 아팠지만, 꾹 참고 말했어.

"어휴, 할 수 없지. 이참에 나도 제대로 공부해야겠는걸? 그럼 우리 이제부터 함께 대통령에 대해 알아보자!"

## 대통령이 원수라고?

한 집안의 대표는 부모님이에요. 그럼 대한민국을 대표하는 사람은 누굴까요? 바로 대통령이지요.

그런데 우리나라 대통령과 다른 나라 대통령이 만날 때, 뉴스에서 이런 말 하는 걸 들어 본 적 있나요?

"오늘 두 나라의 **국가 원수**가 만났습니다."

대통령을 다른 말로 '국가 원수'라고도 하거든요. "부모님의 원수! 내 칼을 받아라." 할 때 그 원수냐고요? 물론 그건 아니지요. 이때의 원수는 원한이 맺힌 사람을 가리킬 때 쓰는 말이에요.

그러나 국가 원수(國나라국 家집가 元으뜸원 首우두머리수)는 **'나라를 대표하는 자격을 가진 사람'** 이라는 뜻이랍니다.

## 대통령만 국가 원수일까?

국가 원수는 꼭 대통령만을 가리키는 말은 아니에요. 다른 나라의 국가 원수에 대해 알아볼까요?

- 영국, 에스파냐, 덴마크, 노르웨이, 태국 등은 왕이 국가 원수예요.
- 영국 연방★에 속하는 나라 중 캐나다, 오스트레일리아, 뉴질랜드 등 15개 나라는 영국 여왕이 국가 원수예요.
- 우리나라, 미국, 프랑스, 칠레 등은 대통령이 국가 원수지요.
- 사회주의★ 나라인 중국과 베트남은 '주석'을 국가 원수로 정하고 있어요.

★ **영국 연방** 지난날 영국의 식민지였다가 독립한 나라들
★ **사회주의** 개인의 재산을 인정하지 않고, 국민이 함께 일하고 그 이익을 나누어 가지는 것을 목적으로 한 생각

## 나라 살림을 꾸려 나가는 대통령

우리나라를 대표하는 대통령! 그런데 대통령은 **행정부의 최고 책임자**(수반)라고도 해요. 행정부가 뭐냐고요?

청소하기, 빨래하기, 장보기 등 집안의 살림살이는 주로 부모님이 맡아서 해요. 그럼 나라의 살림살이는 누가 맡아 할까요? 바로 행정부예요. 즉, 행정부는 나라의 살림살이를 맡아보는 기관이지요.

행정부는 학교를 세우고, 도로나 공원을 만들고, 세금을 걷는 등 여러 가지 일을 한답니다.

대통령은 이 행정부의 우두머리예요. 행정부는 나라 살림을 전문적으로 처리하기 위해 과학, 환경, 교육 등 여러 부서로 나누어져 있지요.

---

우리나라의 일을 맡아서 하는 기관은 크게 행정부, 입법부, 사법부가 있어요.

- **행정부** 나라의 살림을 꾸리는 기관
- **입법부** 법을 만들고 고치는 기관
- **사법부** 법이 잘 지켜지고 있는지 감시하고 재판을 하는 기관

<행정부의 여러 부서>

## 대통령의 하루 일과는? – 대통령의 권한

대통령은 하루 종일 어떤 일을 하며 지낼까요?

**오전 10시** 대통령이 새로운 국무총리와 장관들에게 임명★장을 줬어요. 국무총리와 장관은 행정부에서 대통령을 도와 일하는 사람들이에요.★ 대통령은 국무총리, 장관을 임명할 수 있지요.

★ **임명** 일정한 지위나 임무를 남에게 맡김
★ 국무총리는 행정부에서 대통령 다음으로 높고, 대통령의 명령을 받아 행정부를 이끌어 나가는 사람이에요. 장관은 행정부 각 부서의 대표자이지요.

앞으로 수고해 주세요.

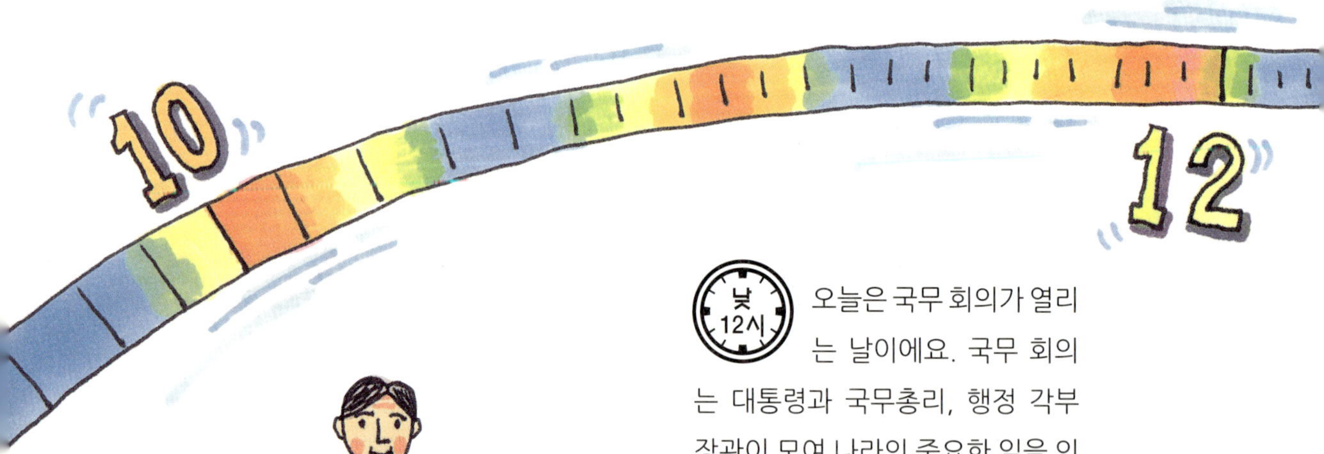

**낮 12시** 오늘은 국무 회의가 열리는 날이에요. 국무 회의는 대통령과 국무총리, 행정 각부 장관이 모여 나라의 중요한 일을 의논하는 회의예요. 국무 회의를 이끌어 가는 사람이 바로 대통령이지요.

오후 2시 군부대에 방문했어요. 대통령은 군대의 최고 책임자거든요. 위급한 상황이 생길 때 대한민국 국군을 지휘할 수 있는 권한을 가지고 있지요. 그래서 틈틈이 군부대에 방문해 군인들을 살펴보고 격려한답니다.

오후 4시 우리나라에 방문한 터키 대통령을 맞이했어요. 대통령은 터키 대통령과 이야기를 나누며 대한민국의 입장을 밝히고 무역\* 협상\*을 했지요. 그리고 두 나라의 무역에 관한 조약\*에 우리나라 대표 자격으로 서명\*을 했답니다.

★ **무역** 나라와 나라 사이에 물건을 사고파는 일
★ **협상** 어떤 목적에 부합되는 결정을 하기 위하여 여럿이 서로 의논함
★ **조약** 문서에 의한 국가 간의 합의
★ **서명** 자신임을 표시하고 책임을 분명하게 하기 위하여 성명을 쓰는 일

| **대통령이 하는 일** |
|---|
| 행정부의 최고 책임자로 행정부를 지휘해요. |
| 장관을 임명해요. |
| 국무 회의를 열어서 나랏일을 의논하고 결정해요. |
| 위급한 상황에 국군을 지휘할 수 있어요. |
| 나라를 대표해서 외교 활동을 해요. |
| 국회에 법을 제안하거나 국회가 만든 법을 거부할 수 있어요. |
| 국무총리, 대법원장, 대법관 등을 국회의 동의를 얻어 임명할 수 있어요. |

대통령의 권한이 아주 많지요? 그렇지만 모든 일을 대통령 혼자 결정하는 건 아니에요. 국회의 동의를 얻어야 하는 일도 있고, 대부분 국무 회의를 거쳐서 결정하지요. 대통령도 간혹 실수를 저지를 수 있잖아요. 그래서 여러 사람들의 의견을 모으는 거예요.

임금님 귀는 당나귀 귀??

대통령은 여러 사람의 의견을 잘 듣고 모아서 결정해야 해요.

## 대통령이 꼭 지켜야 하는 일! – 대통령의 의무

대통령으로서 꼭 지켜야 할 의무에는 어떤 것들이 있을까요?

대통령은 나라의 대표로서 우리나라의 독립과 영토를 지켜야 해요. 또 나라가 어려움에 처했을 때 나라와 국민을 지켜야 하지요. 그리고 대한민국의 법을 지키고, 평화 통일을 위해 노력해야 해요.

이러한 내용은 대통령 취임★ 선서에 잘 나타나 있어요. 대통령으로 당선되면 취임식에서 선서를 해요. 국민들 앞에서 대통령으로서의 역할을 잘하겠다고 약속하는 것이지요.

★ **취임** 새로운 직무를 수행하기 위하여 맡은 자리에 처음으로 나아감
★ **임기** 임무를 맡아보는 일정한 기간

### 대통령이란?

- 대한민국의 국가 원수(나라를 대표하는 사람)

### 대통령이 하는 일

- 행정부의 최고 책임자로 행정부를 지휘함
- 장관을 임명함
- 국무 회의를 열어서 나랏일을 의논하고 결정함
- 위급한 상황에 국군을 지휘할 수 있음
- 나라를 대표해서 외교 활동을 함
- 국회에 법을 제안하거나 국회가 만든 법을 거부할 수 있음
- 국무총리, 대법원장, 대법관 등을 국회의 동의를 얻어 임명할 수 있음

### 대통령의 의무

- 나라의 독립과 영토를 지킬 의무
- 나라와 국민을 지킬 의무
- 평화 통일을 위해 성실히 노력할 의무
- 대한민국의 법을 지킬 의무
- 취임 선서문을 통해 국민과 한 약속을 성실히 지킬 의무

### 우리나라의 일을 맡아서 하는 세 기관

**행정부** 나라의 살림을 꾸리는 기관

**입법부** 법을 만들고 고치는 기관

**사법부** 법이 잘 지켜지고 있는지 감시하고 재판을 하는 기관

### 나라를 이끌어 가는 삼총사!

우리나라의 일을 맡아보는 기관에 무엇이 있다고 했죠? 네, 맞아요. 행정부, 입법부, 사법부가 있지요.

우리나라에서는 국가 권력을 이 세 기관에서 나누어 맡게 하였어요. 이렇게 한 나라의 권력을 세 기관이 고루 나누어 가지는 것을 '**삼권 분립**'이라고 해요.

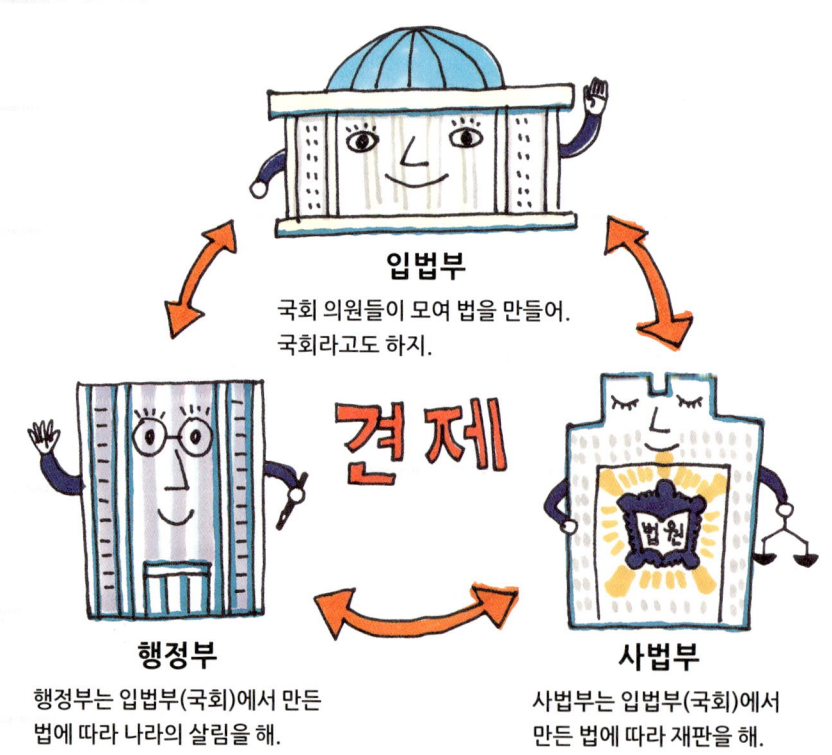

**입법부**
국회 의원들이 모여 법을 만들어.
국회라고도 하지.

**행정부**
행정부는 입법부(국회)에서 만든
법에 따라 나라의 살림을 해.

**사법부**
사법부는 입법부(국회)에서
만든 법에 따라 재판을 해.

## 삼권 분립은 왜 하는 걸까?

삼권 분립을 왜 하느냐고요? 그건 국민의 자유와 권리를 보호하기 위해서예요.

만약 대통령이 나라를 다스리는 모든 힘을 가지고 있다면 어떤 일이 일어날까요? 자기만 옳다고 생각해서 다른 사람의 말은 듣지 않고 잘못된 결정을 내릴 수 있겠지요? 그러면 국민은 자유와 권리를 보장받지 못하고, 국가는 위험에 빠질 수 있어요.

그래서 국가의 권력을 행정, 입법, 사법의 세 개로 나누어서 서로 감시하고 견제*하도록 한 거지요.

한 기관의 힘이 세지거나, 다른 기관의 힘이 약해져서 균형이 깨지면 나랏일이 엉망이 될 수도 있어요. 따라서 나라가 발전하려면 이 세 기관이 균형을 잘 이루고 있어야 하지요.

★ **견제** 맞서 있는 상대를 억눌러 제 마음대로 하지 못하게 함

# 2 두둥! 세계 최초의 대통령 탄생!

역사: 정치 제도의 역사

# 왕이 살던 역사 속으로 풍덩!

"까미야, 이제 대통령에 대해서 좀 알겠니?"
"응! 어서 대통령 선거에 나가자! 흐흐."
"무슨 소리야. 아직도 공부할 게 많다고."
"뭐? 아직도 더 알아야 할 게 있단 말이야?"

까미가 두 눈을 동그랗게 뜨고 말했어. 나는 한숨이 절로 나왔지.

"그럼 한 나라의 지도자가 되는 게 그렇게 쉬운 일인 줄 알았어? 일단 도서관으로 가자."
"끙, 지구에 도착하자마자 도서관이라니. 잠깐 기다려. 일단 변신부터 하고."

갑자기 까미가 발레리나처럼 제자리에서 빙그르르 돌았어. 그러자 순식간에 지구인으로 변하는 거 있지?

"우아, 너 변신 기술 정말 대단하구나. 너처럼 그렇게 빨리 변신하는 안드로메다 인은 처음 봤어!"

"이 정도를 가지고 뭘 그렇게 놀라. 난 어떤 모습으로도 금방 변신할 수 있어. 안드로메다에서 최고 실력을 자랑하지. 후훗."

까미는 한참 동안 거드름을 피우며 잘난 척을 했어.

얼마 뒤, 도서관에 도착했지. 다행히 우리를 수상하게 여기는 사람은 아무도 없는 것 같았어. 까미는 자리에 앉자마자 마치 스파이처럼 주변을 샅샅이 살피더니 속삭이듯 말했지.

"뽀글아, 잠깐 가까이 와 봐."
"왜?"
"내가 대통령이 되면 커다란 권력을 갖는 거지?"

"뭐, 그렇지. 대통령은 한 나라의 대표자니까."

"흐흐흐. 너한테만 얘기하는 건데, 난 대통령이 되면 아이들을 위한 특별한 정치를 하고 싶어."

"어떤 정치?"

"일단 학교를 모두 없애 버릴 거야. 그리고 그 자리에 놀이공원을 짓는 거지. 어때, 뽀글아. 정말 멋진 계획이지?"

"뭐, 이 바보 같은……."

내가 목소리를 높이자 사서 선생님이 날카로운 눈으로 우리를 쏘아봤어. 나는 사서 선생님의 눈치를 살피며 조용히 속삭였지.

"너 뭔가 크게 잘못 알고 있는 거 같은데 요즘 대통령은 그렇게 멋대로 정치를 할 수 없어. 옛날 왕이라면 또 모를까."

"왕? 그건 뭐야?"

"어휴, 까미야, 아무래도 넌 정치 제도의 역사부터 공부해야겠다."

"오잉? 그럼 옛날에는 다른 정치 제도가 있었던 거야?"

"당연하지. 정치 제도는 계속 바뀌어 왔어. 그런데 나도 정치 제도의 역사가 어떻게 바뀌어 왔는지 정확히 모르는데……."

그때 갑자기 주변 공기가 싸늘해지는 느낌이 들었어. 뒤를 돌아보니 검은 뿔테 안경을 쓴 사서 선생님이 차가운 눈빛으로 우리를 바라보고 있었지.
"너희 왜 자꾸 떠드니?"
"죄송해요. 정치 제도의 역사가 궁금해서…… 그 이야기를 하고 있었어요."
"그래? 그럼 나한테 얘기를 했어야지."

잠시 뒤, 사서 선생님은 역사책을 잔뜩 들고 오셨어.

"이 책을 읽어 보렴. 그럼 정치 제도의 역사에 대해 쉽게 이해할 수 있을 거야. 그 대신 조용히 해야 한다."
"네!"

우리 둘은 사서 선생님의 눈치를 보며, 책을 읽기 시작했어.

## 정치는 언제부터 시작됐을까?

아주 먼 옛날, 사람들은 가족 단위로 떠돌아다니면서 나무 열매를 따 먹거나 짐승을 사냥하며 살았어요. 서로 간섭하거나 관계를 맺을 일이 별로 없었지요. 그러다 차츰 무리를 지어 함께 농사를 지으며 살기 시작했어요. 그런데 이렇게 모여 살다 보니 사람들 사이에 다툼이 생기고, 고민도 많아졌지요.

"어젯밤, 내가 잡은 멧돼지를 누가 몰래 훔쳐 간 것 같아!"
"같이 농사지은 곡식을 어떻게 나누지?"

그러자 무리 중에서 가장 힘세고 지혜로운 사람이 나섰어요.

"자자, 내가 이곳에서 일어나는 문제를 해결해 줄 테니, 모두 내 말을 따르시오!"

이렇게 무리의 우두머리를 중심으로 사람들은 다툼을 해결해 나갔지요. 이것이 정치의 시작이에요. **정치는 좁게 말하면 나라를 다스리는 일이지만 넓게 말하면 사람들 사이에 서로 다른 생각 또는 다툼이 생겼을 때 이것을 해결하는 과정이랍니다.**

## 왕이 엄지손가락만 까닥하면 죽은 목숨이야! – 군주제

로마의 황제 네로가 로마를 다스리던 시절, 국민들은 네로의 엄지손가락을 가장 무서워했대요. 네로가 엄지손가락을 거꾸로 하면 아무 죄 없는 사람도 죽어야 했거든요.

프랑스의 왕 루이 14세는 또 어떻고요. 루이 14세는 이렇게 말하곤 했지요.

"짐은 곧 국가다! 내 말은 곧 법이다. 무조건 내 말대로 해라."

옛날에는 주로 왕이나 황제가 다스리는 군주제가 많았어요. 군주는 왕이나 황제를 말하지요. 특히 왕 한 사람이 절대적이고 커다란 권력을 가지고 국민을 다스리는 정치 제도를 전제 군주제라고 해요.

그럼 어떤 사람이 왕이 되었을까요? 오, 좋은 질문이에요. 간단한 퀴즈를 내 볼 테니까 한번 맞혀 보세요.

정답은 무엇일까요? 네, 정답은 바로 2번, 머리가 나쁜 왕의 아들이에요. 왜냐하면 머리가 나쁘든 좋든 왕의 자손만 왕이 될 수 있었거든요. 왕의 자손이 아니면 아무리 능력이 뛰어나도 절대 왕이 될 수 없었답니다.

훌륭한 왕은 없었냐고요? 왜 없었겠어요. 사람들로부터 존경받는 왕도 있었고, 백성들을 위해 열심히 정치를 하는 왕도 있었지요.

하지만 백성을 나라의 주인이라고 생각한 왕은 없었어요. 왕들의 머릿속에는 '나라의 주인은 왕'이라는 생각이 자리 잡고 있었거든요.

## 나라의 주인은 왕이 아냐! – 입헌 군주제·공화제

옛날 전제 군주제 나라에서 왕은 힘이 매우 셌고, 백성들은 왕을 위해 목숨 바쳐 충성을 다했어요. 이것이 나라를 사랑하는 길이라고 생각했지요.

그런데 이런 생각이 바뀌기 시작한 건 1500년대~1700년대 유럽에서부터예요.

"왕이 국민을 괴롭히는데도 참고 살아야 하는 걸까?"
"나라의 주인이 왜 왕이야? 국민이지!"

이런 생각은 유럽 전체에 번졌어요. 사람들은 점차 왕에게 맞서 목소리를 높이기 시작했지요.

마침내 사람들은 전제 군주제를 무너뜨리기 위해 일어났어요. 대표적인 것이 바로 영국과 프랑스에서 일어난 혁명이에요.

### 영국 왕은 상징적인 존재

먼저 영국에서 왕에게 맞서는 움직임이 일어났어요. 영국 귀족들과 국민들은 제멋대로 정치를 하는 제임스 2세(재위 기간 1685~1688)를 쫓아내고, 새로운 왕을 정했지요.

이때부터 영국 의회*의 힘이 커져서, 의회와 의논 없이는 왕이 혼자 나랏일을 결정할 수 없게 되었어요.

이렇게 왕은 상징적인 존재로 남아 있고, 법에 따라 나라를 운영하는 정치 제도를 **입헌 군주제**라고 해요. 입헌 군주제 나라에서는 총리(수상)가 국민들의 대표가 되어 책임지고 나랏일을 하지요.

### 쫓겨난 프랑스 왕과 왕비

1789년, 프랑스 백성들은 엄청난 세금 때문에 살기가 어려웠어요. 그런데 프랑스의 왕 루이 16세와 왕비 마리 앙투아네트는 백성들은 돌보지 않고 사치스럽게 지냈지요. 결국 참다 못한 프랑스 국민들은 힘을 합쳐 왕과 왕비를 몰아냈어요.

사람들은 새로운 정치 제도를 만들어야 한다고 생각했어요. 그래서 **공화제**가 시작되었지요. 공화제는 왕이 없는 정치 제도예요. 국민이 뽑은 대표자 또는 대표 기관의 뜻으로 다스리는 것이지요.

---

★ **의회** 국민의 의사를 대표하고 법을 만드는 기관. 국가 기관의 의회를 국회라고 함

## 아하! 그래서 대통령제가 생겨났구나!

전제 군주제가 무너진 뒤 새로이 생겨난 정치 제도 중의 하나가 바로 **대통령제**예요.

대통령제는 나라의 대표자, 대통령을 중심으로 한 정치 형태예요. 세계에서 대통령제를 처음으로 실시한 나라는 미국이지요.

미국은 원래 영국의 지배를 받고 있었어요. 그러던 1775년, 미국은 영국으로부터 독립해서 새로운 나라를 세우겠다고 선언했지요.

그러자 화가 머리끝까지 난 영국은 막강한 군사력을 앞세워 미국으로 쳐들어왔어요.

### 미국, 대통령 선거를 실시하다

이때 조지 워싱턴이라는 미국 군대의 지도자는 영국에 맞서며 용감히 싸웠어요. 조지 워싱턴은 뛰어난 리더십을 보여 주며 전쟁을 승리로 이끌었지요.

마침내 1783년, 미국은 영국으로부터 독립했어요. 새로운 나라가 세워졌으니 나라를 다스릴 사람을 뽑아야겠지요? 사람들은 선거를 통해 왕이 아닌 새 지도자, 대통령을 뽑기로 했어요.

**최초의 대통령, 조지 워싱턴**

　첫 대통령 선거의 당선자는? 바로 전쟁에서 미국을 승리로 이끈 조지 워싱턴이에요. 조지 워싱턴은 국민들의 기대를 저버리지 않고 나라를 잘 다스렸지요. 그 덕분에 미국 국민들은 대통령제가 국민을 위하는 훌륭한 정치 제도라는 걸 알게 되었어요. 이렇게 미국의 대통령제가 크게 성공을 거두자 다른 나라에서도 대통령제를 받아들이기 시작했답니다.

## 우리나라의 대통령제는 언제 생겨났을까?

우리나라도 옛날에는 왕이 나라를 다스렸어요. 우리나라 마지막 왕은 순종인데, 순종은 1910년에 왕의 자리에서 물러났지요. 우리나라가 일본의 식민지가 되었기 때문이에요. 일본은 우리나라 왕을 내쫓고 35년 동안 주인 행세를 했지요. 그러다 1945년, 우리나라는 마침내 독립을 했어요.

1948년, 우리나라 사람들은 '대한민국'이라는 이름의 나라를 세우고, 미국에서 시작된 대통령제를 받아들이기로 했지요. 그리고 선거를 통해 대통령을 뽑았어요. 우리나라 최초의 대통령은 이승만 대통령이에요.

### 우리나라 최초의 대통령, 이승만 대통령

우리나라 첫 번째 대통령인 이승만 대통령은 일제 강점기★에 독립운동을 펼치던 독립운동가였어요. 우리나라가 독립한 뒤 1948년, 대통령으로 당선되었지요. 새로운 나라의 기틀을 잡기 위해 노력했지만, 독재★ 정치를 하여 국민들의 원성을 샀어요. 결국 국민들에 의해 대통령 자리에서 물러나게 되었지요.

★ **일제 강점기** 일본이 우리나라를 식민지로 삼았던 1910년부터 1945년까지 35년간의 시대
★ **독재** 특정한 개인, 단체, 계급 따위가 어떤 분야에서 모든 권력을 차지하여 모든 일을 혼자서 처리함

## 나라마다 달라!

**대통령 대신 총리!**

모든 나라에 대통령이 있는 건 아니에요. 일본, 영국, 네덜란드 등에서는 아직도 왕이 있지요. 이 나라들의 국가 원수는 왕이에요. 하지만 왕이 정치를 하지 않는대요. 엥? 그럼 누가 나랏일을 돌보냐고요?

의회예요. 의회가 행정부 역할을 하는 내각을 구성하지요. 이러한 정치 형태를 **의원 내각제**라고 해요.

의원 내각제에서는 보통 의회에서 총리(수상)를 뽑고, 총리가 내각의 대표로 나랏일을 돌보아요. 그래서 의원 내각제 나라에서는 총리가 대표자로 정상 회담*에 참석한답니다.

★ **정상 회담** 각 나라의 정치 지도자들이 모여 이야기를 나누는 자리

**대통령과 총리가 모두 있다?**

독일, 싱가포르, 아이슬란드는 총리가 나랏일을 돌보는 의원 내각제 나라예요. 하지만 이들 나라에는 왕이 없고, 대통령이 국가 원수지요.

이처럼 나라마다 정치 제도가 각각 다르고 복잡해요. 같은 정치 제도라고 해도 조금씩 다르거나, 의원 내각제의 특징과 대통령제의 특징을 합한 경우도 있지요.

**아직도 왕의 힘이 막강한 나라도 있어요!**

여전히 왕이 커다란 권력을 가지고 정치를 하는 나라들도 있어요. 아시아의 브루나이와 바레인, 사우디아라비아와 카타르 등이 그런 나라들이에요.

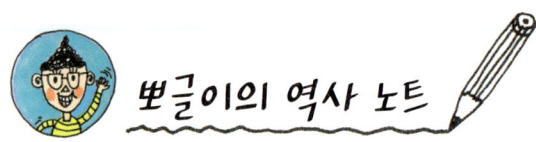

**정치** : 좁은 의미 – 나라를 다스리는 일

넓은 의미 – 사람들 사이에 서로 다른 생각 또는 다툼이 생겼을 때 이것을 해결하는 과정

**정치의 시작** : 가족 단위로 떠돌아다님 → 무리를 지어 모여 삶 → 사람들 사이의 다툼과 갈등을 해결

### 여러 가지 정치 제도

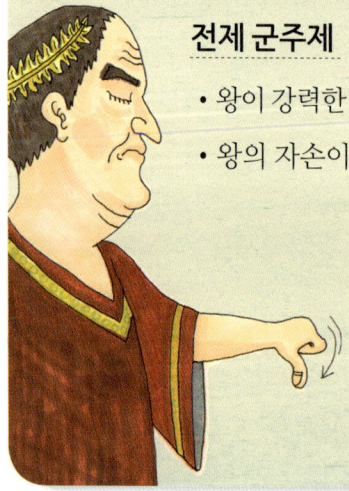

**전제 군주제**
- 왕이 강력한 권력을 가지고 나라를 다스리는 정치 제도
- 왕의 자손이 왕의 자리를 물려받음

**입헌 군주제**
- 왕은 상징적인 존재로 남아 있고, 법에 따라 나라를 운영하는 정치 제도

### 빈칸 쏙쏙 채우기!

1. 대통령제를 처음 시작한 나라는 _____ 이다.
2. 세계 최초의 대통령은 _____ 이다.
3. 독일은 의원 내각제 나라지만, 국가 원수는 _____ 이다.

1. 미국  2. 조지 워싱턴  3. 대통령

### 공화제
- 왕이 없고, 국민이 뽑은 대표자 또는 대표 기관이 나라를 운영하는 정치 제도

### 대통령제
- 대통령이 나라의 대표가 되어 나라를 이끌어 나가는 제도

### 의원 내각제
- 의회가 행정부 역할을 하는 내각을 구성하는 정치 제도
- 총리가 내각의 대표로 나랏일을 함

## 미국의 대표 대통령은 누가 있을까?

### 노예를 해방시킨 에이브러햄 링컨

미국인들이 가장 존경하는 대통령으로 꼽는 사람은 바로 제16대 대통령 에이브러햄 링컨이에요.
링컨은 가난한 집안에서 태어나 학교를 일 년밖에 다니지 못했어요. 하지만 열심히 공부하여 정치인이 되었고, 대통령 자리까지 올랐지요. 그 뒤 노예 문제로 남과 북으로 나뉘었던 미국을 통일시키고, 차별받고 있던 흑인 노예들을 해방시켰답니다.

### 장애를 이겨 낸 대통령, 프랭클린 루스벨트

프랭클린 루스벨트는 미국의 제32대 대통령이에요. 그는 39살에 다리를 제대로 움직이지 못하는 소아마비란 병에 걸렸어요. 하지만 꾸준한 노력 끝에 장애를 이겨 냈고, 마침내 대통령에 당선되었답니다. 루스벨트 대통령은 훌륭한 정책을 펼쳐 어려웠던 미국의 경제를 되살렸어요. 또 뛰어난 리더십을 보여 주며 제2차 세계 대전★을 승리로 이끌었지요.

★제2차 세계 대전 독일·이탈리아·일본 등의 나라와 미국·영국·프랑스 등의 나라 사이에 일어난 세계적 전쟁

## 남아공 최초의 흑인 대통령, 넬슨 만델라!

옛날 남아프리카 공화국에서는 인종 차별이 심해서 흑인을 사람 취급하지 않았어요. 넬슨 만델라는 흑인들의 권리를 위해 앞장서는 변호사였지요. 그런데 흑인 해방 운동을 펼치다 붙잡혀 감옥에 들어가게 되었어요.

넬슨 만델라는 27년 만에 감옥에서 풀려났어요. 그는 인종 차별을 위해 노력했다는 점을 인정받아, 노벨 평화상을 받았지요. 그리고 1994년, 남아프리카 공화국 최초의 흑인 대통령이 되었답니다.

## 여성 대통령의 역사는?

2013년, 박근혜 대통령이 우리나라 최초의 여성 대통령이 되었어요. 그럼 세계 최초로 여성 대통령이 탄생한 나라는 어디일까요? 바로 아르헨티나예요. 1974년, 이사벨 페론이라는 여성 정치인이 아르헨티나 대통령에 당선되었지요. 그 뒤 핀란드, 아일랜드, 필리핀, 칠레 등의 나라에서도 여성 대통령이 나왔답니다.

# 3 엎치락뒤치락! 대통령 선거 도전기

정치: 대통령 선거와 투표

# 드디어 대통령 선거 시작!

## 대통령 선거를 실시합니다!

- 선거 날짜: 20△△년 3월 9일 (수)★
- 시간: 오전 6시부터 오후 6시까지
- 후보자 등록 기간: 20△△년 2월 13일부터 2월 14일까지
- 후보자 자격: 선거일 기준으로 5년 이상 대한민국에 살고 있는 만 40세 이상의 대한민국 국민

★ 대통령 선거는 대통령 임기 만료일(임기가 끝나는 날) 전 70일 이후 첫 번째 수요일에 한다.

나는 안내문을 보자마자 안드로메다에 연락했어.

"여기는 지구, 안드로메다 본부 응답하라! 오바~."
"여기는 안드로메다 본부, 무슨 일이냐?"
"드디어 대한민국 대통령 선거가 시작되었다. 까미 요원을 대통령 후보로 등록시키겠다."
"알았다. 대통령 후보로 등록하는 데 필요한 것들은 우리가 도와주겠다. 이상!"

대통령 후보자 등록은 선거일 24일 전부터 이틀 동안이었어. 우리는 당당하게 중앙 선거 관리 위원회를 찾았지. 중앙 선거 관리 위원회는 대한민국의 국민 선거와 투표를 관리하는 기관이야.

"무슨 일로 왔니?"
"대통령 후보 등록하러 왔어요."
"뭐? 여기는 애들이 장난치는 곳이 아니야."
"장난 아닌데……. 왜 저는 대통령이 될 수 없나요?"
"대통령은 만 40세 이상 되는 사람만 후보자로 등록할 수 있는 거야. 안내문에도 쓰여 있단다."

앗, 이럴 수가! 안내문의 중요한 사항을 놓치다니! 난 밖으로 나오자마자 한숨을 쉬었어. 그러자 까미가 내 등을 툭툭 두드리며 말했지.

"걱정 마."
"네가 대통령 선거에 못 나가는데 어떻게 걱정을 안 해?"
"내 특기 몰라? 변신하면 되잖아!"

까미는 주위를 살핀 뒤 제자리에서 빙그르르 돌았어. 그러자 금방 40대 정도로 보이는 남자로 변신했지. 오! 역시 까미는 천재야.
하지만 왠지 좀 어색해 보였어. 나는 변장 상자에서 콧수염을 꺼내 까미의 얼굴에 붙여 주고, 이마에는 주름을 좀 그려 넣었지.

"음, 이제야 좀 그럴듯해 보이네."
"그래? 다시 등록하러 가자."

까미는 중앙 선거 관리 위원회로 들어가 준비해 온 서류를 냈어. 나는 조금 떨어진 곳에서 마음을 졸이며 지켜보고 있었지.

"대통령 선거에 나가시려고요?"
"네. 그렇습니다."

까미는 진짜 어른처럼 굵은 목소리로 대답했어.

"후보 등록금은 내셨나요?"
"네? 대통령 후보에 등록하려면 돈을 내야 하나요?"
"당연하지요. 모르셨나요?"
"아……. 내일 다시 오겠습니다."

우리는 안드로메다에 급하게 연락해서 후보 등록금을 받고, 가까스로 대통령 후보에 등록할 수 있었어.
어휴, 그런데 그날 일을 생각하면 정말 식은땀이 나. 미리 철저하게 준비를 했어야 했는데! 까미에게 미안했을뿐더러 자존심도 상했고 말이야.
그래서 난 눈에 불을 켜고 밤을 새워 대통령 선거 과정에 대해 공부했어. 그런 다음 까미에게 자신 있게 대통령 선거에 대한 모든 것을 알려 줬지.

## 대통령은 아무나 할 수 없어!

대통령은 한 나라의 대표이자, 나라의 여러 가지 중요한 일을 하는 사람이에요. 그러니 아무나 대통령 선거에 나갈 수 없겠죠? 대통령 선거 후보로 등록하기 위해서는 어떤 자격이 필요할까요?

첫째, **만 40세 이상**이어야 해요. 어느 정도 사회 경험이 있어야 나랏일을 잘 돌볼 수 있을 테니까요.

둘째, 대통령은 대한민국 대표자니 당연히 **대한민국 국민**이어야겠죠? 선거일 기준으로 5년 이상 대한민국에 살고 있는 대한민국

대통령 후보의 자격

국민만 대통령 선거에 나갈 수 있어요.

셋째, **후보 등록금 3억 원**을 내야 해요. 너도나도 선거에 나와서 혼란스럽게 만드는 것을 막기 위해서예요.

우리나라는 **5년마다 대통령 선거**를 해요. 5년 뒤에는 같은 사람이 또 대통령 선거에 나오지 못하도록 법으로 정해 놓고 있지요. 한 사람이 너무 오랫동안 대통령 자리에 있으면 독재 정치를 할 수 있다는 걱정 때문이에요.

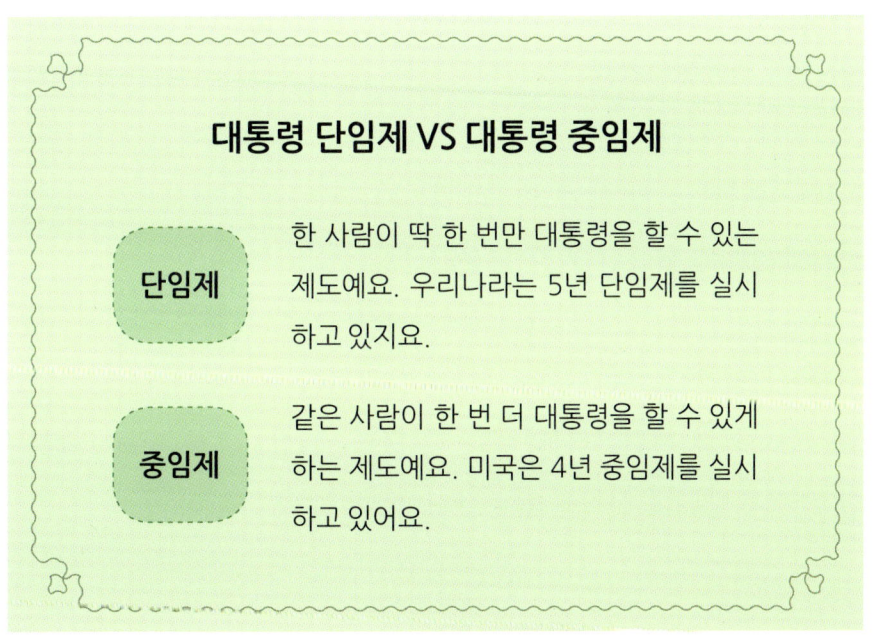

## 민주주의의 꽃, 선거와 투표!

**선거, 국민이 정치에 참여하는 방법**

우리나라는 **국민의 뜻에 따라 나라를 이끄는 민주주의 국가**예요. 하지만 온 국민이 함께 나랏일을 결정하기는 힘들지요. 그래서 국민을 대신해 정치할 대통령을 뽑는 거예요.

그러니까 대통령을 뽑는 선거는 국민이 정치에 참여하는 중요한 방법이겠죠?

**선거권이 주어지는 조건**

그런데 대한민국 국민이라고 해서 누구나 다 선거에 참여할 수 있는 건 아니에요. 현재 우리나라에서는 만 19세 이상의 국민에게만 선거에 참여해 투표할 권리인 '선거권'을 주고 있어요.

왜냐고요? 만 19세 미만의 청소년들은 아직 사회나 정치에 대한 생각이 부족하고, 지식이나 경험이 모자란다고 판단하기 때문이에요. 하지만 그 판단은 나라마다 다 달라서, 싱가포르 같은 나라는 만 21세가 되어야 선거권을 준답니다.

### 대통령 선거, 투표하는 법!

**투표**는 선거에서 자신이 지지하는 쪽에 표를 주는 것을 말해요. 대통령 선거 투표는 어떻게 할까요?

**투표소 찾기**  주민 등록증*에 적힌 주소와 가까운 투표소에서 투표를 할 수 있어요. 선거일 며칠 전에 집으로 투표 안내문이 와요. 투표 안내문에 적힌 투표소로 가면 되지요. 만약 투표 안내문을 잃어버렸다면, 인터넷을 통해서 나의 투표소를 찾을 수 있어요.

**부재자 투표**  특별한 사정이 있어서 선거일에 주소지 근처의 투표소에 가지 못하는 사람을 '**부재자**'라고 해요. 이런 사람들은 부재자 신고를 하면 선거일 전에 미리 투표를 할 수 있어요. 이를 '**부재자 투표**'라고 부르지요. 몸이 불편하거나 투표소에서 멀리 떨어져서 일하는 군인과 경찰 등도 부재자 투표를 하지요. 참, 2012년부터는 해외에 살고 있는 우리 동포들도 각 나라에 마련된 투표소에서 투표를 할 수 있게 되었답니다.

★ **주민 등록증** 일정한 거주지에 사는 주민임을 나타내는 증명서

## 선거할 때 꼭 지켜야 할 것들!

선거할 때는 꼭 지켜야 할 4가지 원칙이 있어요. 공정한 선거를 치르기 위해서 정해 놓은 것이지요.

나의 첫 선거!

만 19살

### 1. 보통 선거의 원칙

만 19세 이상 우리나라 국민은 누구나 선거를 할 수 있어요. 여자, 남자, 가난한 사람, 부자, 못생긴 사람, 잘생긴 사람 등 재산이나 성별에 관계없이 일정한 나이가 되면 누구나 선거에 참여할 수 있답니다.

### 2. 평등 선거의 원칙

어떤 사람은 한 표, 어떤 사람은 두 표 이렇게 투표하면 안 되겠죠? 재산, 신분, 성별, 교육 정도와 관계없이 선거권을 가진 사람은 누구나 똑같이 한 표씩만 투표할 수 있어요.

### 3. 직접 선거의 원칙

선거권을 가진 본인이 직접 투표를 해야만 해요. 몸이 아프다거나 귀찮다고 다른 사람을 시켜 대신 투표를 할 수 없지요.

### 4. 비밀 선거의 원칙

누구에게 투표했는지 다른 사람에게 밝히지 않을 권리가 있어요. 기표소★ 안에 들어가서 자신의 이름을 적지 않고 투표하는 방법으로 비밀 선거의 원칙을 지키고 있지요.

★ **기표소** 투표용지에 써넣거나 표시를 해서 투표하는 곳

## 대통령 후보 등록부터 취임식까지

대통령 선거 과정을 살펴볼까요?

### 1 대통령 후보 등록

**기간** 선거일 24일 전부터 이틀 동안

### 2 선거 운동

**기간** 후보자 등록한 뒤부터 선거 전날까지

⭐ **개표** 투표함을 열고 투표의 결과를 검사함

## 투표는 어떻게 할까?

여러분도 만 19세가 되면 투표를 해야 해요. 그러니까 미리 투표 과정을 알고 있으면 좋겠지요?

❶ 투표 안내문을 확인해요.

선거일 전에 배달되는 투표 안내문에는 후보자 소개, 투표할 장소, 투표 방법 등이 자세히 적혀 있어요.

❷ 선거일에 신분증을 챙겨요.

신분증이 있어야 투표를 할 수 있어요.

❸ 신분을 확인해요.

투표소에 도착하면 신분을 확인한 다음, 투표용지를 받아요.

❹ 기표를 해요.

기표소에 들어가서 뽑고 싶은 후보의 이름 옆에 도장을 찍어요.

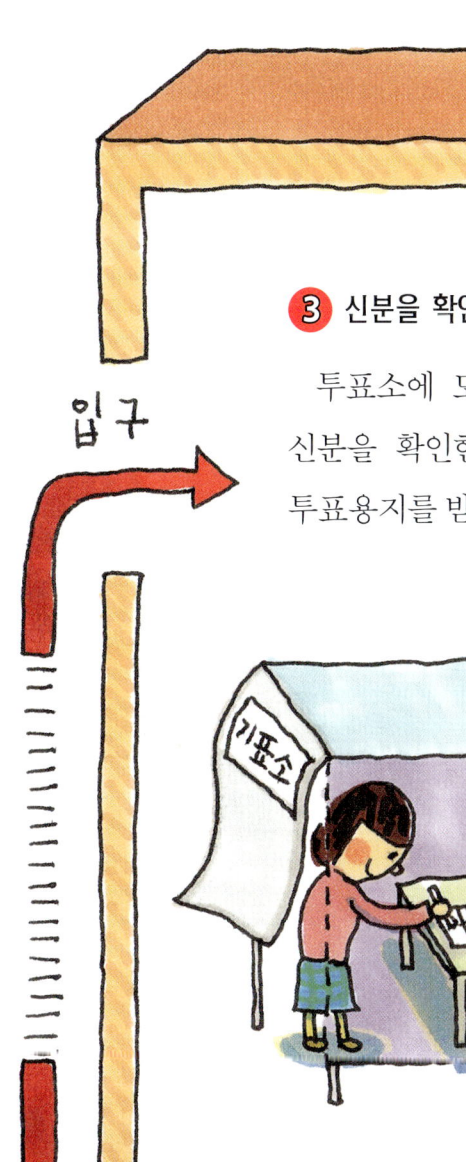

❺ 투표함에 투표용지를 넣어요.

투표용지를 반으로 접어 투표함에 넣으면 투표 끝!

## 선거일에 하면 안 되는 것 VS 해도 되는 것

**선거일에 하면 안 되는 것!**

❶ 기표소 안에서 투표한 용지를 찍거나 인터넷에 올리는 행동을 하면 안 돼요. 자신이 어떤 후보를 뽑았는지 다른 사람에게 알려질 수 있으니까요.

❷ 선거 전날까지는 특정 후보를 지지하거나 반대하는 말을 할 수 있어요. 하지만 선거일에는 특정 후보의 기호나 이름 등을 말하면 안 돼요!

❸ 투표소 안에서 엄지손가락을 치켜들거나, V 자세를 하며 인증 사진을 찍으면 안 돼요. 다른 사람들이 볼 때 기호 1번이나 2번을 찍어 달라는 의미로 이해할 수 있거든요.

### 선거일에 해도 되는 것!

❶ "기호 2번 뽑으세요!"처럼 특정 후보를 말하면 안 되지만, 투표 참여를 권유하는 행동은 해도 돼요. 투표소 100미터 밖에서 "투표하세요!"라고 외치는 건 괜찮아요.

❷ 투표소 밖에서는 인증 사진을 찍어도 돼요. 투표소나 기표소 안에서 사진을 찍으면 안 되지만, 투표소 주변과 입구에서 사진을 찍는 것은 괜찮지요.

❸ 투표소 밖에서 유명 정치인과 함께 찍은 사진을 인터넷에 올리는 건 돼요.

### 대통령 선거 후보 등록 자격

① 만 40세 이상

② 선거일 기준으로 5년 이상 대한민국에 살고 있는 대한민국 국민

③ 후보 등록금 3억 원을 내야 함

**선거권** : 선거에 참여하여 투표할 수 있는 권리
우리나라에서는 만 19세 이상의 국민에게만 선거권을 줌

**부재자 투표** : 특정한 사정이 있어서 선거일에 주소지의 투표소를 가지 못하는 사람들이 미리 하는 투표

### 선거의 4대 원칙

① **보통 선거** : 만 19세가 되면 누구나 선거에 참여할 수 있음

② **평등 선거** : 한 사람당 한 표씩 투표할 수 있음

③ **직접 선거** : 투표권이 있는 사람이 직접 투표해야 함

④ **비밀 선거** : 누구에게 투표했는지 비밀로 함

### 대통령 선거 과정

대통령 후보 등록 → 선거 운동 → 투표 → 개표 및 당선자 발표 → 대통령 취임식

### 투표하는 과정

투표 안내문 확인 → 선거일에 신분증을 챙김 → 신분 확인 → 기표 → 투표함에 투표용지를 넣음

### 선거일에 하면 안 되는 것!

① 기표소 안에서 투표한 용지를 촬영하는 것
② 특정 후보를 지지하거나 반대하는 말을 하는 것
③ 투표소 안에서 찍은 사진, 또는 엄지손가락을 치켜들거나
　 V 자세를 하며 찍은 사진을 인터넷에 올리는 것

### 선거일에 해도 되는 것!

① 투표소 밖에서 투표를 권유하는 것
② 투표소 입구에서 사진 찍기
③ 투표소 밖에서 유명 정치인과 함께 찍은 사진을 인터넷에
　 올리는 것

## 미국은 대통령 선거를 어떻게 할까?

미국은 대통령제 나라예요. 하지만 우리나라와 선거 방식이 조금 다르지요.

우리나라는 국민들이 직접 대통령을 뽑잖아요. 그런데 미국은 국민들이 대통령을 직접 뽑지 않아요. 미국 국민들은 대통령 선거를 대신할 선거인단을 뽑아요. 그리고 국민들이 뽑은 선거인단이 대통령을 투표로 뽑지요.

미국은 대통령과 부통령이 함께 선거에 나가요. 부통령은 대통령 다음으로 높은 직위로 대통령을 도와 나라를 다스리는 사람이에요. 그런데 대통령과 부통령은 함께 다니지 않는대요. 혹시라도 대통령이 사고를 당하면 부통령이 대통령의 일을 맡아야 하거든요.

## 나라마다 다양한 선거 방법

다른 나라 국민들도 대개 선거를 통해 대표를 뽑아요. 하지만 나라마다 선거 방법에는 조금씩 차이가 있지요.

### 투표를 대신 해 줘요!

우리나라에서는 선거권을 가진 사람이 직접 투표를 해야 하잖아요. 그런데 네덜란드에서는 직접 투표를 할 수 없는 경우에 다른 사람에게 대신 투표를 해 달라고 할 수 있어요. 더 많은 사람들이 투표에 참가할 수 있게 하기 위해서 이런 제도를 만들었대요.

### 투표하지 않으면 벌금을 내요!

브라질, 아르헨티나, 오스트레일리아, 싱가포르 같은 나라에서는 특별한 이유 없이 투표를 하지 않으면 벌금을 내야 해요. 특히 브라질은 투표하지 않은 사람은 공무원이 될 수 없고, 여권도 만들지 못하지요. 벨기에에서는 15년 동안 4번 투표를 안 하면 10년 동안 투표권을 뺏는대요. 그래서 이런 나라에서는 투표율이 매우 높다고 해요.

투표 안 하면 여권 못 만들어요!

# 4 특명
## 대통령 선거 운동에서 이겨라!

수학: 표와 그래프, 확률

## 두둥! 대통령 선거가 시작되다

드디어 기다리고 기다리던 대통령 선거 운동이 시작되었어.

우리는 거리를 다니면서 선거 운동을 펼쳤어. 지나가는 사람들을 향해 목이 터져라 소리 지르며 까미를 뽑아 달라고 했지.

"여러분! 안녕하십니까? 기호 3번 까미입니다. 제가 대통령이 되면 대한민국을 더 살기 좋은 나라로 만들겠습니다. 저를 꼭 뽑아 주십시오."

그런데 이게 어떻게 된 일일까? 아무리 열심히 해도 사람들이 모이지 않는 거야.

바로 그때 기호 1번 신나라 후보가 선거 운동하는 모습이 보였어.

"짜라빠빠~ 신나라~ 신나라가 최고야!"

"기호 1번 신나라를 뽑아 주세요!"

기호 1번 신나라 후보를 지지*하는 사람들은 신나게 노래를 부르며 선거 운동을 하고 있었지. 구경하는 사람들의 반응도 아주 좋았어.

★ **지지** 어떤 사람이나 단체의 생각이나 행동을 따라 힘을 보탬

그 모습을 본 까미가 무언가 결심한 듯 입술을 꽉 깨물며 말했지.

"뽀글아, 이대로는 안 되겠어. 우리도 새로운 작전을 세워야 할 거 같아. 사람들에게 빵을 돌리는 건 어떨까?"
"빵?"
"그래, 기호 3번을 뽑아 주면 맛있는 빵을 준다고……."
"야! 그건 불법 선거 운동이야. 그러면 대통령 후보에서 탈락될 수도 있어. 진짜 중요한 건 공약이지!"
"공약?"
"선거에 나온 사람들이 어떤 일에 대해 반드시 이루겠다고 국민에게 하는 약속이 공약이야."

그때 길 건너에서 기호 2번 최고봉 후보가 선거 운동을 하는 모습이 보였어. 최고봉 후보는 웃는 얼굴로 씩씩하게 악수를 하고 있었지.

"안녕하세요. 기호 2번 최고봉입니다. 제가 대통령이 된다면 항상 국민을 위하여 힘쓰고, 세금을 지금보다 적게 걷겠습니다."

최고봉 후보도 제법 인기가 많아 보였어. 불안해진 우리는 공약과 사람들의 관심을 끌어모을 방법을 연구했지. 까미가 손뼉을 짝 치며 말했어.

"뽀글아, 어제 텔레비전에서 본 만화 주인공 짱구를 이용하는 거야. 네가 짱구 가면을 쓰고 엉덩이춤을 추면 사람들의 시선을 사로잡을 수 있지 않을까?"
"내가 어떻게 그런 유치한 짓을 해? 공약 만드는 게 더 중요하다니까!"
"도와주기로 해 놓고선! 그 정도도 못해?"

에이, 할 수 없지. 그날부터 나는 연설하는 까미 옆에서 짱구 가면을 쓰고 엉덩이를 실룩거리며 춤을 췄어. 그러다 문득 이런 생각이 들었어.

'국민들이 어떤 대통령을 원하는지 알면 좋은 공약을 만들 수 있을 거야!'

그래서 난 사람들이 어떤 대통령을 원하는지 설문 조사를 하기로 했어.

## 자료야, 표로 바뀌어라! 뾰로롱!

뽀글이는 동네 사람들 100명에게 "어떤 대통령을 원하십니까?"라는 질문이 담긴 설문지를 나눠 주며 설문 조사를 했어요. 설문 조사가 끝난 뒤 자료를 정리하는데 생각보다 쉽지 않네요.

자료의 개수를 조사할 때는 '正' 자를 그리며 개수 표시를 하는 게 편리해요.

그런데 이렇게 해도 자료의 결과가 한눈에 쏙 들어오지 않는다고요? 그럼 표를 만들면 돼요.

**표란 조사한 자료를 어떤 기준에 따라 가로, 세로로 나눈 직사각형 모양의 칸에 정리한 것**을 말해요. 조사한 자료를 알아보기 쉽게 나타내는 방법이지요. 먼저 직사각형을 만든 뒤, 기준에 따라 각 칸에 알맞은 내용을 써요.

짜잔, 이게 바로 설문 조사 자료를 바탕으로 만든 표예요.

<뽀글이 동네 사람들이 원하는 대통령>

| 국민들이 원하는 대통령 | 투표수 |
|---|---|
| 리더십이 있는 대통령 | 50표 |
| 국민을 섬기는 대통령 | 20표 |
| 외교를 잘하는 대통령 | 12표 |
| 경제 발전에 힘쓰는 대통령 | 18표 |
| 총합 | 100표 |

**문제** : 이번에는 뽀글이가 동네 사람들 100명에게 "누구를 지지하십니까?"라는 설문 조사를 했어요. 그 결과 신나라 후보는 50표, 최고봉 후보는 30표, 까미 후보는 20표를 받았지요. 이 설문 결과를 아래에 표로 만들어 보세요. (정답은 뒷장에 있어요.)

## 길고 짧은 막대기들이 나란히! 막대그래프

앞에서 한 설문 결과를 표로 만들면 다음과 같아요.

〈뽀글이 동네 사람들이 지지하는 대통령 후보〉

| 후보 이름 | 1번 신나라 | 2번 최고봉 | 3번 까미 | 총합 |
|---|---|---|---|---|
| 투표수 | 50표 | 30표 | 20표 | 100표 |

그런데 누가 가장 많은 표를 받았는지, 누가 가장 적은 표를 받았는지 한눈에 쏙 들어오지 않지요? 이럴 때는 그래프로 나타내면 자료를 비교하기 편하지요.

**자료를 점, 직선, 곡선, 막대, 그림 등을 사용하여 나타낸 것을 그래프라고 해요.** 그래프를 이용하면 수량*의 크고 작은 변화를 한눈에 보기 쉽지요.

그래프의 종류에는 막대그래프, 원그래프, 꺾은선 그래프 등이 있어요.

★ **수량** 물건의 양

누가 일등이고 누가 꼴등인지 쉽게 비교하려면 **막대그래프**를 그리면 좋아요.

자, 뽀글이가 조사한 자료를 막대그래프로 그려 볼까요?

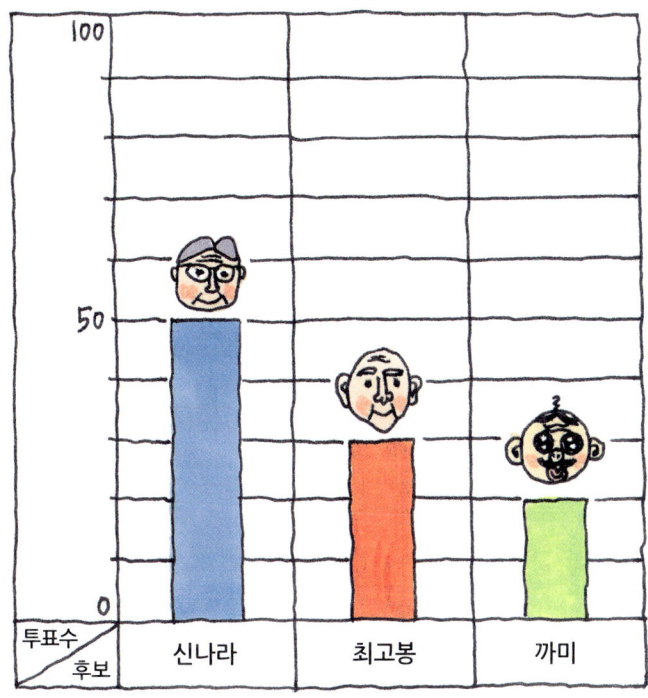

길고 짧은 막대기를 주르륵 세워 놓은 것 같다고 해서 막대그래프라고 해요.

어때요? 막대그래프로 보니까 누가 가장 많은 지지를 받는지, 누가 가장 낮은 지지를 받는지, 그 차이는 얼마나 되는지 등이 한눈에 쏙 들어오지요?

## 피자같이 둥근 모양, 원그래프

막대그래프로 신나라 후보의 지지가 가장 높고 까미가 가장 낮다는 걸 알았어요. 그런데 까미가 전체 중에서 얼마만큼의 지지를 받고 있는지 궁금하다고요?

그럼 원그래프를 그려서 보는 것이 가장 좋아요. **원그래프는 전체에서 각 항목이 차지하는 만큼을 나타낸 그래프**에요.

〈뽀글이 동네 사람들이 지지하는 대통령 후보〉

| 후보 이름 | 1번 신나라 | 2번 최고봉 | 3번 까미 | 총합 |
|---|---|---|---|---|
| 투표수 | 50표 | 30표 | 20표 | 100표 |

자, 위의 표를 원그래프로 나타내 볼까요?

원그래프를 그리려면 먼저 원을 일정하게 나눠야 해요. 피자 한 판을 5명 가족이 나눌 땐 5조각, 8명 가족이 나눌 땐 8조각으로 나눠 자르는 것처럼요.

그런데 전체 표가 100표인데, 원을 100칸으로 나누자니 매우 복잡하지요?

그럼 우리 10칸만 나눠요. 이러면 1칸당 10표를 의미하게 되지요.

그렇다면
50표를 얻은 신나라 후보는 5칸,
30표를 얻은 최고봉 후보는 3칸,
20표를 얻은 까미 후보는 2칸씩
원을 차지하게 돼요. 이제 각각 다른 색깔로 색칠하면 원그래프 완성!

## 얼마나 변했을까? 꺾은선 그래프

선거 운동을 한 지 3주일이 지났어요. 그동안 까미의 지지율은 올라갔을까요? 내려갔을까요? 뉴스에서는 그래프와 함께 까미의 지지율 변화를 말해 주었어요.

지지율 변화를 한눈에 알고 싶다면, 꺾은선 그래프를 그리면 좋아요.
**꺾은선 그래프는 각 수량을 점으로 표시하고 그 점들을 선분*으로 이어 그린 그래프**예요. 변화하는 양을 나타낼 때 주로 쓰이지요.

왼쪽의 꺾은선 그래프를 보세요. 까미의 지지율 변화가 한눈에 쏙 들어오지요?
꺾은선 그래프에 나타나 있는 것처럼 처음 선거 운동을 시작할 때는 까미의 지지율이 18%였어요. 2주차에는 10%로 떨어졌지요. 하지만 까미가 선거 운동을 열심히 하자, 지지율이 25%로 쭉쭉 올라가고 있지요.
꺾은선 그래프는 선분의 기울어진 정도에 따라 변화하는 모양과 정도를 쉽게 알 수 있어요.

⭐ **선분** 두 점을 곧게 이은 선

## 알쏭달쏭 확률

두근두근, 드디어 내일이 대통령 선거일이에요! 까미가 대통령이 될 확률은 얼마나 될까요? 확률이 뭐냐고요?

**확률은 어떤 일이 일어날 가능성**을 말해요. '까미가 대통령이 될 가능성', '내일 비가 올 가능성', '복권에 당첨될 가능성' 등을 이야기할 때 확률을 쓰지요.

확률을 구하려면 먼저 경우의 수가 얼마인지 알아야 해요. **경우의 수는 '어떤 일이 일어날 수 있는 경우의 가짓수'**이지요. 확률 구하는 법은 아래와 같아요.

$$(\text{확률}) = \frac{(\text{어떤 사건이 일어날 경우의 수})}{(\text{모든 경우의 수})}$$

예를 들어 볼게요. 100원짜리 동전 한 개를 던졌을 때 앞면이 나올 확률은 얼마나 될까요?

동전을 던졌을 때 경우의 수는 앞면과 뒷면, 즉 2예요.

그중에서 앞면이 나오는 경우의 수는 1이니까, 앞면이 나올 확률은 $\frac{1}{2}\left(\frac{\text{앞면이 나올 경우의 수}}{\text{동전을 던졌을 때 나오는 면의 모든 경우의 수}}\right)$ 이지요.

## 한눈에 쏙

### 뽀글이의 수학 노트

| 표 | 조사한 자료를 어떤 기준에 따라 가로, 세로로 나누어진 직사각형 모양의 칸에 정리한 것 |

| 그래프 | 자료를 점, 직선, 곡선, 막대, 그림 등을 사용하여 나타낸 것 |

### 그래프의 종류

① **막대그래프**

- 조사한 수를 막대로 나타낸 그래프
- 각각의 크기를 비교하기에 편리함

② 원그래프

- 전체에서 각 항목이 차지하는 만큼을 나타낸 그래프

③ 꺾은선 그래프

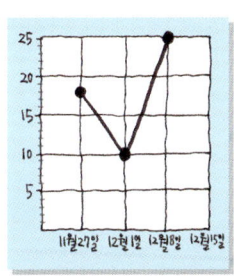

- 각 수량을 점으로 표시하고 그 점들을 선분으로 이어 그린 그래프
- 변화하는 정도를 살펴보기 좋음
- 기울어진 정도에 따라 변화하는 모양과 정도를 알 수 있음

**확률** 어떤 일이 일어날 가능성

**경우의 수** 어떤 일이 일어날 수 있는 경우의 가짓수

### 확률 구하는 법

$$(확률) = \frac{(어떤\ 사건이\ 일어날\ 경우의\ 수)}{(모든\ 경우의\ 수)}$$

## 내 성적표와 날씨의 변화도 표와 그래프라고?

일상생활 속에서도 표와 그래프가 많이 쓰여요. 텔레비전, 신문, 잡지, 인터넷 등을 살펴보면 표와 그래프가 얼마나 많이 사용되는지 알 수 있을 거예요.

**표** : 복잡한 정보를 간결하게 나타낼 때 쓰여요. 성적표, 일주일 동안 줄넘기를 한 횟수, 지역별 날씨 등을 표로 나타낼 수 있지요.

**막대그래프** : 각각의 크기를 비교할 때 쓰여요. 반별 수학 점수 비교, 지역별 과일 생산량 비교 등을 나타낼 땐 막대그래프를 그리는 게 좋아요.

**원그래프** : 전체에 대한 각 부분의 비율을 나타낼 때 쓰여요. 우리 반 아이들의 혈액형 비율, 후보별 선거 득표율 등을 원그래프로 나타낼 수 있지요.

**꺾은선 그래프** : 자료의 변화하는 양을 나타낼 때 쓰여요. 날씨의 변화, 올해 나의 수학 성적 변화 등을 꺾은선 그래프로 나타내지요.

## 아들만 셋이니 이번에는 딸?

우리는 일상생활 속에서도 확률을 많이 이야기해요. 다음 중 어떤 말이 틀렸을까요?

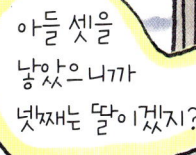

"동전을 두 번 던졌는데 모두 앞면이 나왔으니까 이번에는 확률상 뒷면이 나올 게 분명해."
"민우네는 아들만 셋이야. 그러니 이번에는 확률상 분명 딸을 낳을 거야."

정답은? 네, 둘 다 틀렸어요. 우리는 보통 앞의 결과가 다음 결과에 영향을 미칠 거라고 생각하지요. 하지만 각각의 사건은 앞이나 뒤의 사건에 아무런 영향을 주고받지 않아요.

하지만 사람들은 실제로는 정확히 알 수 없는 확률임에도 불구하고, 앞뒤 상황을 보고 그 확률을 예측할 수 있다고 생각하는 경우가 많아요. 이런 것을 '도박사의 오류'라고 불러요. 도박사(도박을 하는 사람)들이 이러한 오류에 잘 빠지기 때문이래요.

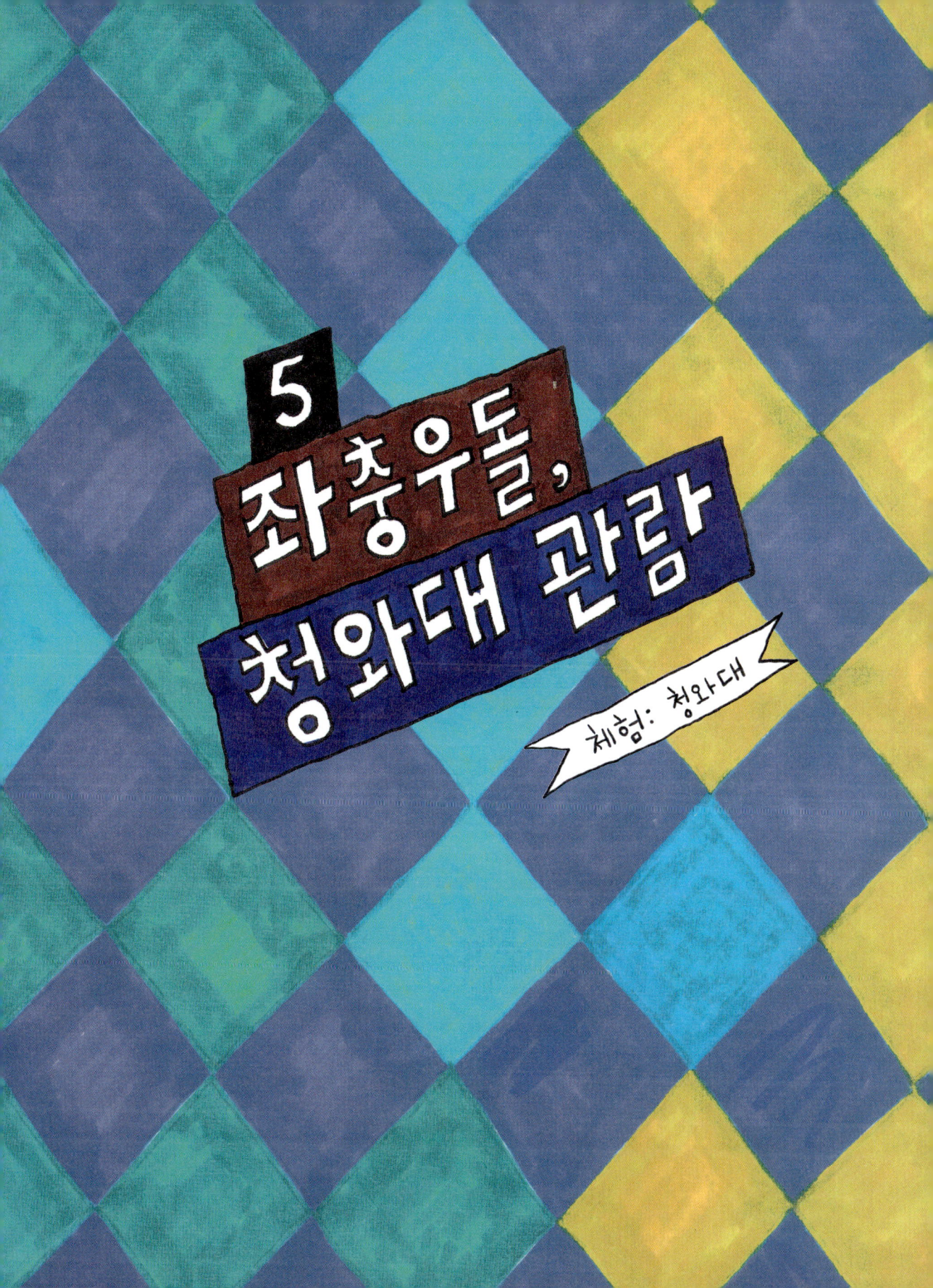

# 대통령이 사는 청와대로 출발!

"아아, 여기는 안드로메다 본부! 뽀글이 요원 응답하라. 대통령 선거 결과는 어떻게 되었는가?"

"그게…… 대통령 선거에서 아깝게 떨어졌다……."

"그게 사실인가? 휴, 다음 대통령 선거는 언제인가?"

"5년 뒤다."

"그럼 까미 요원과 함께 지금부터 5년 뒤를 준비해라. 이상!"

뭐? 어제 대통령 선거가 끝났는데, 벌써부터 5년 뒤를 준비하라고? 성질도 급하기는! 난 무전기를 내려놓자마자 까미를 찾았어. 까미는 텔레비전을 보느라 정신이 없었지.

"까미야, 안드로메다 본부에서 다음 대통령 선거를 준비하래."

"응? 지금부터?"

"그러게 말이야. 흠, 뭐부터 해야 하지? 이봐 까미야, 내가 말하는데 계속 텔레비전만 쳐다볼 거야?"

"아아, 뉴스에 대통령 선거 당선자가 나오기에……."

 까미는 텔레비전 화면을 손으로 가리키며 말했어. 뉴스에서는 신나라 당선자의 청와대 방문 모습을 보여 주고 있었지. 그때 내 머릿속에 좋은 생각이 떠올랐어!

"그래, 우리 청와대부터 가자!"
"청와대?"
"응! 청와대는 대통령이 사는 곳이야. 여기부터 둘러봐야 우리나라 대통령에 대해 더 잘 알 수 있지 않겠어?"
"오~ 그거 좋은 생각이다! 지금 당장 출발하자!"
"그건 안 돼. 인터넷을 통해서 미리 관람 신청을 해야 하거든."

 나는 인터넷에 접속해 청와대 관람 신청을 하고, 청와대 가는 방법과 관람 시간 등을 꼼꼼하게 조사했어.

20일 뒤, 드디어 청와대에 방문하는 날! 우리는 부푼 가슴을 안고 청와대 관람 버스에 올랐지.

"까미야. 준비물은 다 잘 챙겼지?"
"응. 카메라, 메모지, 필기도구, 안드로메다 본부와 연락할 무전기. 이 정도면 됐지?"

버스가 청와대 입구에 도착하자 검은 양복을 입은 경호원 아저씨가 우리를 맞았어.

"모두 검색대 앞에 줄을 서 주세요."
"거, 검색대요?"
"네, 가방을 검색대 위에 올려놓으세요."

우리는 가방을 검색대 위에 올려놓았지. 그런데 갑자기 검색대에서 삐삐 하고 요란한 소리가 났어. 그러자 경호원 아저씨는 까미 가방 안에 있는 물건을 모두 꺼내서 확인하기 시작했지.

"어, 이건 뭐죠? 수상한 물건인데?"
"아, 그건 안드로메다에 연락하려고……."

나는 재빨리 까미의 입을 틀어막았어.

"하하하! 까미야, 입에 뭘 묻히고 다니니? 그, 그건 새로 나온 장난감이에요."
"이런 물건을 들고 청와대 안으로 들어갈 수 없습니다. 물건은 여기 맡겨 놓을 테니까 집으로 돌아갈 때 찾아가세요."
"네……."

경호원 아저씨는 가방 안에 있는 물건을 다시 한 번 꼼꼼하게 확인한 뒤에야 청와대 관람을 허락했어. 대통령이 사는 곳에 들어가는 건 까다롭구나!
자, 그럼 청와대 안을 슬슬 구경해 볼까?

## 대통령이 나랏일을 보는 곳, 청와대

청와대는 우리나라 대통령이 일하고 생활하는 곳이에요. 대통령은 청와대에 살면서 국무 회의를 열고, 외국의 중요한 손님을 맞이하며, 방송과 인터뷰를 하기도 하지요.

청와대(靑푸를청 瓦기와와 臺대대)라는 이름은 1960년, 윤보선 대통령이 지은 거예요. '푸른 지붕의 기와집'이라는 뜻을 가지고 있지요. (그 전에는 이곳을 '경무대'라고 불렀어요.)

청와대는 북악산 기슭, 자연이 잘 보존된 너른 터에 자리 잡고 있어요. 1990년 2월에는 청와대 건물을 새로 짓다가 풀숲에서 조선 시대에 만들어진 '천하제일복지(天下第一福地)'라는 푯돌*이 발견되었대요. '하늘 아래 가장 복 있는 장소'라는 뜻이지요. 이것만 보아도 청와대가 얼마나 좋은 위치에 있는지 알 수 있겠지요?

> **청와대 관람할 때 주의 사항**
> 1. 신분증을 가지고 관람 시간 30분 전까지 경복궁 동편 주차장 안 만남의 장소에서 모여요.
> 2. 정해진 장소에서만 사진 촬영을 할 수 있고, 동영상 촬영은 할 수 없어요.
> 3. 음식물은 가지고 들어갈 수 없어요.

★ 푯돌 어떤 것을 표지하기 위하여 세우는 돌

청와대 관람을 하려면 인터넷 홈페이지(president.go.kr)에 미리 예약을 해야 해요. 관람을 원하는 날 180일 전부터 20일 전까지 신청이 가능해요.

## 나라의 새 소식을 전하는 곳, 춘추관

청와대 관람 코스의 첫 번째 방문지는 춘추관이에요. 춘추관은 기자들이 기사를 써서 방송국이나 신문사로 보내는 곳이지요.

청와대에는 여러 신문·방송 기자들이 많이 드나들어요. 나랏일과 관련한 새로운 소식을 국민들에게 알리기 위해서죠.

춘추관 1층에는 기자들이 기사를 쓰는 기자실이 있어요. 대통령이 기자 회견을 여는 공간은 2층에 자리하고 있지요.

춘추관이라는 이름은 고려 시대와 조선 시대에 역사 기록을 맡아 보던 기관 '춘추관'·'예문춘추관'에서 비롯된 것이에요. 춘추는 '엄격하게 역사를 기록한다.'는 의미를 지니고 있지요.

## 청와대에서 가장 아름다운 곳, 녹지원

　춘추관을 나오니, 싱그러운 나무와 꽃들이 어우러진 정원이 보여요! 이곳은 청와대 안에서 가장 아름다운 곳으로 꼽히는 녹지원이에요.
　녹지원에는 큰 소나무들이 많이 심어져 있어요. 이 중 녹지원을 상징하는 소나무가 한 그루 있는데, 높이가 17미터이고 나이는 무려 160살이나 된답니다. 운이 좋으면 녹지원에서 사슴들이 한가롭게 풀을 뜯어 먹는 모습도 볼 수 있다고 해요.
　매년 어린이날, 어버이날, 장애인의 날 등 다양한 행사가 이곳에서 열리고 있지요.

## 우리나라 전통 한옥 건물, 상춘재

"에헴, 거기 누구 없느냐?"

녹지원 바로 뒤에는 당장이라도 이렇게 외치며 조선 시대 양반이 나올 것만 같은 한옥 건물이 있어요. 이 건물의 이름은 상춘재예요. 외국 손님을 맞이하거나 비공식적인 회의를 여는 장소지요.

원래 청와대 안에는 전통 한옥 건물이 없었어요. 그러다 1983년, 청와대 안에 전통 한옥 건물을 세워야 한다는 의견이 나왔지요. 외국에서 손님이 왔을 때 우리나라 전통 건물을 소개할 방법이 없었기 때문이에요. 그래서 양식 건물이었던 상춘재를 조선 시대 건축 양식을 살려 온돌방과 대청마루★가 있는 한옥 건물로 지었답니다.

★ **대청마루** 한옥에서 방과 방 사이에 있는 큰 마루

## 좋은 기운이 흐르는 자리, 수궁터

녹지원에서 본관으로 가는 길에는 수궁터가 보여요. 수궁터 자리에는 고려 시대 왕실의 이궁*이 있었고 조선 시대에는 왕실의 후원(동산)이 있었으며 왕실을 지키는 수궁(군인)들이 있었지요. 좋은 기운이 흐르는 자리라고 해서, 왕실에서는 이곳을 매우 귀하게 여겼답니다. 그런데 일제 강점기 때 일본이 이 자리에 총독 관저를 세웠어요. 총독 관저는 일본의 관리들이 머무르는 곳을 말해요.

우리나라가 독립한 뒤에도 총독 관저는 한동안 그 자리에 있었어요. 그러다 1993년, 김영삼 대통령은 일본의 잔재*를 뿌리 뽑기 위해 총독 관저를 없애 버렸지요. 그리고 옛날 경복궁을 지키는 수궁들이 있었다고 하여 이곳을 '수궁터'라고 부르게 했어요.

⭐ **이궁** 임금이 나들이 때에 머물던 별궁
⭐ **잔재** 과거의 낡은 생각이나 생활 습관

## 대통령이 나랏일을 보는 곳, 본관

짜잔! 이곳이 바로 청와대 본관이에요. 우리의 전통 건물을 본뜬 커다란 청기와 집이지요.

본관은 본채와 두 개의 별채, 이렇게 세 개의 건물로 이루어져 있어요. 가운데 있는 건물이 본채이고, 왼쪽에 있는 건물이 '세종실', 오른쪽에 있는 건물이 '충무실'이지요. 겉으로는 본채와 별채가 나뉘어 있는 것처럼 보이지만 안으로는 연결되어 있어요.

대통령이 나랏일을 보는 집무실은 본채에 있어요. 대통령은 이곳에서 국가의 주요 정책을 세우고 실행하지요. 세종실은 여러 사람이 모여 회의를 하는 대회의실이에요. 국무 회의 등이 이곳에서 열리지요. 충무실은 주로 작은 연회*를 열 때 사용돼요.

★ **연회** 축하, 위로, 환영 등을 위하여 여러 사람이 모여 베푸는 잔치

## 손님을 맞는 영빈관, 관람객의 쉼터 무궁화 동산!

"대한민국에 오신 것을 환영합니다."

이 웅장하고 멋진 건물은 손님을 맞이하는 영빈관이에요. 외국의 중요한 손님들이 방문했을 때 공연과 만찬* 등을 베푸는 곳이지요.

청와대 밖으로 나오면 무궁화 동산을 만날 수 있어요. 청와대를 다 둘러본 관람객들은 이곳에서 잠시 쉬어 가지요. 무궁화 동산이라는 이름에 걸맞게 무궁화꽃이 많이 피어 있답니다.

무궁화 동산 맞은편에 있는 분수대 앞은 관람객들이 기념 촬영을 하는 곳이에요. 친구들도 청와대 관람을 마치고 분수대 앞에서 찰칵! 사진을 찍어 보는 건 어때요?

★ 만찬 손님을 초대하여 함께 먹는 저녁 식사

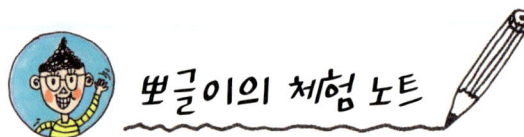

### 청와대

- 우리나라 대통령이 머물며 일하는 곳
- '푸른 지붕의 기와집'이라는 뜻

**춘추관**
- 청와대를 드나드는 기자들이 기사를 써서 방송국이나 신문사로 보내는 곳

**녹지원**
- 청와대 안에 있는 정원으로 다양한 야외 행사가 열림

**상춘재**
- 전통 한옥 건물로 외국 손님을 맞이하거나 비공식적인 회의를 여는 장소

**수궁터**
- 조선 시대 왕실의 후원이 있었으며 왕실을 지키는 수궁이 있었음
- 일제 강점기 때 일본이 이 자리에 총독 관저를 세움
- 1993년 총독 관저를 없애고 수궁터라고 이름을 붙임

**본관**
- 대통령이 나랏일을 보는 곳
- 대통령의 집무실이 있는 본채, 큰 회의를 여는 세종실, 작은 연회를 여는 충무실로 이루어짐

**영빈관**
- 외국의 중요한 손님들이 방문했을 때 공연과 만찬 등을 베푸는 곳

## 조선 시대 후궁들을 모신 칠궁

청와대 체험을 끝낸 뒤 청와대 밖에 있는 '칠궁'도 관람해 봐요. 칠궁은 청와대 체험 관람객 중 원하는 사람만 입장할 수 있어요.

칠궁은 조선 시대 왕이나 왕으로 추존★된 사람의 어머니였던 일곱 후궁들을 모신 사당★이에요. 후궁은 임금의 첩을 가리켜요.

칠궁에는 경종(제20대 왕)의 어머니, 영조(제21대 왕)의 어머니, 순조(제23대 왕)의 어머니, 진종★의 어머니, 장조★의 어머니,

★ **추존** 왕위에 오르지 못하고 죽은 이에게 임금의 칭호를 주던 일
★ **사당** 조상의 위패(죽은 사람의 이름을 적은 나무패)를 모셔 놓은 집

**연우궁** (진종의 어머니를 모신 사당)

원종★의 어머니, 영친왕(대한제국의 마지막 황태자)의 어머니를 모신 사당들이 있어요.

일곱 후궁의 아들 가운데 실제 왕위에 오른 사람은 경종, 영조, 순조예요.

원래 이 사당들은 한군데 모여 있지 않았어요. 그런데 1908년에 여러 곳에 나누어져 있던 사당들을 한곳에 옮기면서 칠궁이라고 부르기 시작했지요. 칠궁은 귀중한 문화재로 인정받아서 사적★ 제149호로 지정되었어요.

★ 진종은 제21대 왕 영조의 맏아들, 장조는 영조의 둘째 아들, 원종은 제14대 왕 선조의 다섯째 아들로 모두 죽은 뒤 왕으로 추존되었다.
★ 사적 국가가 법으로 정한 문화재

## 1 바쁘다 바빠, 대통령은 울트라 슈퍼맨?

**1** 빈칸에 공통으로 들어갈 말을 쓰세요.

 안녕. 내 이름은 까미야. 대한민국 (　　　　)이 되고 싶어 지구로 왔지. (　　　　)은 대한민국의 국가 원수이자, 행정부의 최고 책임자야.

**2** 나라의 일을 맡아서 하는 기관의 이름과 설명을 알맞게 짝지어 보세요.

① 나라의 살림을 꾸리는 기관　　　　　　　　㉠ 입법부

② 법을 만들고 고치는 기관　　　　　　　　　㉡ 사법부

③ 법이 잘 지켜지고 있는지 감시하고 재판을 하는 기관　　㉢ 행정부

**3** 우리나라에서는 국가 권력을 행정부, 사법부, 입법부 세 기관이 나누어 맡고 있어요. 이렇게 한 나라의 권력을 세 기관이 고루 나누어 가지는 것을 '삼권 분립'이라고 하지요. 삼권 분립을 하는 이유는 무엇일까요? 서술형문항대비

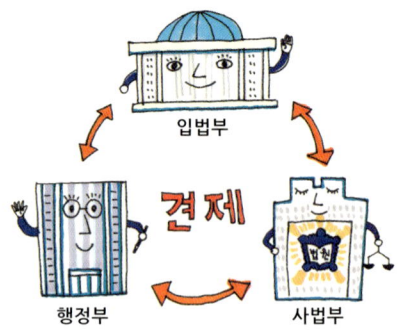

**4** 대통령의 하루에 관한 기사예요. 틀린 것은 무엇인가요?

> **대통령의 하루를 공개합니다!**
>
> **오전 9시** : 대통령이 새로운 국무총리와 장관들에게 임명장을 주었다. ① 대통령은 국무총리, 장관을 임명할 수 있다.
> **오전 11시** : 대통령이 국무 회의에 참석했다. ② 국무 회의는 대통령과 국무총리, 행정 각부 장관들이 모여 나랏일을 의논하는 회의로 ③ 대통령은 국무 회의를 이끈다.
> **오후 1시** : 대통령이 군부대에 방문했다. ④ 대통령은 군대의 최고 책임자는 아니지만, ⑤ 위급한 상황이 생길 때 대한민국 국군을 지휘할 수 있다.

**5** 다음 중 맞는 것에 ○ 틀린 것에 X 표시하세요.

① 대통령은 국가와 국민을 지킬 의무가 있다. (　)
② 대통령은 법을 만드는 일을 한다. (　)
③ 우리나라 대통령의 임기는 5년인데, 여러 번 할 수 있다. (　)

**6** 괄호 안에 알맞은 나라를 <보기>에서 찾아 쓰세요.

> **보기**
>
> 프랑스　영국　중국　에스파냐　베트남　미국　대한민국　칠레

① 국왕이 국가 원수인 나라 (　　　　　　　　　　)
② 주석이 국가 원수인 나라 (　　　　　　　　　　)
③ 대통령이 국가 원수인 나라 (　　　　　　　　　　)

## 2 두둥! 세계 최초의 대통령 탄생!

**1** 친구들이 모여서 정치의 역사에 관해 이야기하고 있어요. 다음 중 틀린 정보를 말한 사람은 누구인가요?

① **민수** : 아주 먼 옛날 사람들은 가족 단위로 떠돌아다니며 살았고, 무리 중에 가장 힘세고 지혜로운 자가 우두머리가 되었대.
② **지혜** : 그 뒤 우두머리를 중심으로 무리 안의 다툼을 해결해 나갔는데, 이게 정치의 시작이야.
③ **인선** : 왕 한 사람이 커다란 권력을 가지고 국민을 다스리는 정치 제도를 '전제 군주제'라고 하지. 전제 군주제에서는 나라에서 가장 똑똑한 사람이 왕으로 뽑혔대.

**2** 정치 제도는 오랜 시간에 걸쳐 바뀌어 왔지요. 다양한 정치 제도와 그 설명을 바르게 짝지어 보세요.

① 공화제 　　　　　　㉠ 왕이 아닌 국민이 뽑은 대표자 또는 대표 기관의 뜻으로 다스리는 정치 제도

② 입헌 군주제 　　　㉡ 나라의 대표자 대통령을 중심으로 한 정치 제도

③ 대통령제 　　　　㉢ 왕은 상징적인 존재로 남아 있고, 법에 따라 나라를 운영하는 정치 제도

**3** 다음에서 설명하는 인물은 누구인가요?

일제 강점기에 독립운동을 펼치던 독립운동가였다. 1948년, 대한민국 첫 번째 대통령으로 당선되었다.

**4** 왕이 있지만, 왕 대신 총리가 책임지고 나랏일을 돌보는 정치 제도를 의원 내각제라고 해요. 말풍선 안에 알맞은 답을 써 보세요.

**5** 만약 내가 대통령이 된다면 어떤 일을 가장 먼저 하고 싶나요?

## 3 엎치락뒤치락! 대통령 선거 도전기

**1** 뽀글이와 까미가 대통령 선거 후보로 등록하러 중앙 선거 관리 위원회에 갔어요. 그런데 다음과 같은 일이 생겼지요. 빈칸에 알맞은 말을 써 보세요.

> "무슨 일로 왔니?"
> "대통령 후보 등록하러 왔어요."
> "뭐? 여기는 애들이 장난치는 곳이 아니야."
> "장난 아닌데……. 왜 저는 대통령이 될 수 없나요?"
> "대통령은 만 (　　)세 이상 되는 사람만 후보자로 등록할 수 있거든."

**2** 뉴스에서 투표에 관해 말하고 있어요. 다음 중 틀린 정보는 무엇인가요?

> "대통령 선거가 다가오고 있습니다. 그런데 선거일에 주소지 근처의 투표소에 가지 못할 것 같다고요? 걱정 마십시오! ① 부재자 신고를 하면 선거일 다음 날에 투표를 할 수 있거든요. ② 몸이 불편하거나 투표소에서 멀리 떨어져서 일하는 군인과 경찰들도 부재자 투표를 할 수 있지요. ③ 또한 2012년부터 해외에 살고 있는 우리 동포들도 투표에 참여할 수 있습니다."

**3** 우리나라에서는 만 19세 이상의 국민에게만 선거에 참여할 권리인 선거권을 주고 있어요. 왜 이런 법이 생겼을까요?  

**4** 다음에서 설명하고 있는 선거의 원칙은 무엇일까요?

- 누구에게 투표했는지 다른 사람에게 밝히지 않을 권리
- 기표소(투표를 하는 장소) 안에 들어가서 자신의 이름을 적지 않고, 투표하는 방법으로 이 선거의 원칙을 지키고 있다.

① 보통 선거　　　② 평등 선거　　　③ 직접 선거　　　④ 비밀 선거

**5** 다음 중 대통령 선거일에 하면 안 되는 행동을 모두 고르세요.

① 투표소 바깥 주변과 입구에서 사진 찍기
② 기표소 안에서 투표한 용지 사진 찍기
③ 투표소 밖에서 사람들이 더 많이 투표할 수 있도록 "투표하세요!"라고 외치기
④ 특정 후보의 이름과 기호를 지지하는 말하기

117

## 4 특명, 대통령 선거 운동에서 이겨라!

**1** 다음 자료를 이용하여, 막대그래프를 그려 보세요.

〈뽀글이 동네 사람들이 지지하는 대통령 후보〉

| 후보 이름 | 1번 신나라 | 2번 최고봉 | 3번 까미 | 총합 |
|---|---|---|---|---|
| 투표수 | 50표 | 30표 | 20표 | 100표 |

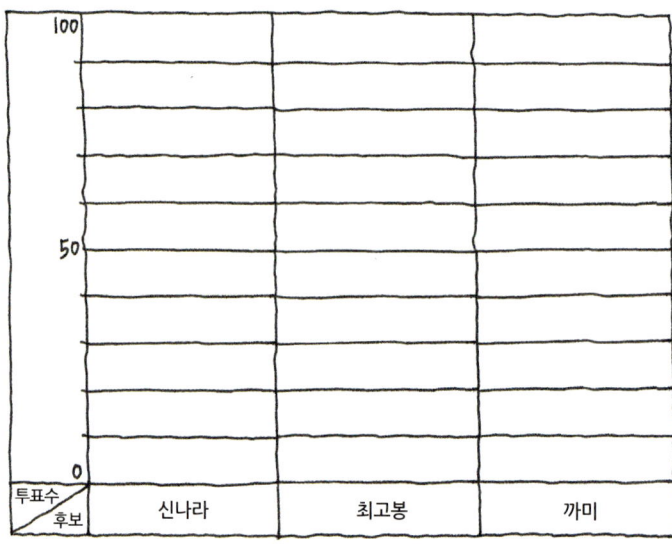

**2** 뽀글이는 어떤 그래프를 이용하면 좋을까요?

① 원그래프
② 막대그래프
③ 꺾은선 그래프

까미가 전체 중에서 얼마만큼의 지지를 받고 있는지 궁금해!

**3** 꺾은선 그래프에 대한 설명이에요. 빈칸에 알맞은 말을 쓰세요.

꺾은선 그래프는 선분의 (          ) 따라 변화하는 모양과 정도를 쉽게 알 수 있어요.

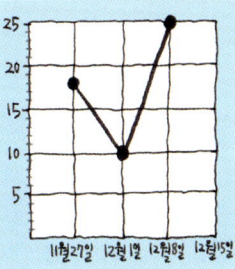

**4** 확률에 대한 설명이에요. 맞으면 ◯, 틀리면 X를 해 보세요.

① 확률은 어떤 일이 일어날 가능성을 말한다. (          )
② 확률을 구하려면 먼저 경우의 수가 얼마인지 알아야 한다. 경우의 수는 '어떤 일이 일어날 수 있는 경우의 가짓수'다. (          )
③ 모든 일은 확률대로 일어난다. (          )

**5** 100원짜리 동전 한 개를 던졌을 때 앞면이 나올 확률은 얼마나 될까요?

## 5 좌충우돌, 청와대 관람

**1** 이곳은 청와대 안의 춘추관 건물이에요. 까미는 춘추관이 어떤 곳인지 친구들에게 설명해 주고 싶어요. 뭐라고 설명하는 게 좋을까요? 서술형문항대비

얘들아. 이곳은 춘추관이야. 춘추관은

**2** 청와대를 설명한 글이에요. 틀린 부분을 찾고, 바르게 고쳐 보세요.

① 청와대는 우리나라 대통령이 일하고 생활하는 곳이에요. ② 대통령은 청와대에 살면서 국무 회의를 열고, 외국의 중요한 손님을 맞이하고, 방송과 인터뷰를 하기도 하지요.
③ 청와대라는 이름은 1960년, 윤보선 대통령이 지은 거예요. ④ '푸른 대문의 집'이라는 뜻을 가지고 있지요.

**3** 다음에서 설명하는 곳은 어디인가요?

> 청와대의 이곳은 손님을 맞이하는 곳으로, 외국의 중요한 손님들이 방문했을 때 공연과 만찬 등을 베푼다.

① 녹지원　　　② 본관　　　③ 영빈관　　　④ 상춘재

**4** 청와대 관람을 다녀온 뒤, 체험 학습 보고서를 써 보세요.

| 날짜 | | 이름 | | 학년, 반 | |
|---|---|---|---|---|---|
| 장소 | 청와대 ||||||
| 가는 방법 | |||||
| 체험 학습 내용 | 체험 학습 전 알았던 사실 |||||
| | 체험 학습 뒤 알게 된 점 |||||
| 느낀 점 | |||||
| 아쉬운 점 | |||||

## 바쁘다 바빠, 우리 대통령 정답

**❶ 바쁘다 바빠, 대통령은 울트라 슈퍼맨?**

1. 대통령
2. ① - ㉢  ② - ㉠  ③ - ㉡
3. 대통령이 나라를 다스리는 모든 힘을 가지고 있다면 잘못된 결정을 내릴 수 있다. 그러면 국민의 자유와 권리가 보장받지 못할 수 있기 때문에, 서로 견제하도록 한 것이다.
4. ④. 대통령은 군대의 최고 책임자다.
5. ① ○  ② ×  ③ ×
6. ① 영국, 에스파냐 ② 중국, 베트남 ③ 프랑스, 미국, 대한민국, 칠레

**❷ 두둥! 세계 최초의 대통령 탄생!**

1. ③ 전제 군주제에서는 왕의 자손만 왕이 될 수 있었다.
2. ① - ㉠  ② - ㉢  ③ - ㉡
3. 이승만
4. 의원이 가장 많이 소속된 정당의 대표가 총리가 되는 거야.

**❸ 엎치락뒤치락! 대통령 선거 도전기**

1. 40
2. ①. 부재자 선거는 선거일 전에 미리 실시된다.
3. 만 19세 미만의 청소년들은 아직 정치에 대한 생각이 부족하고, 경험이 모자란다고 판단하기 때문이다.
4. ④
5. ②, ④

**❹ 특명, 대통령 선거 운동에서 이겨라!**

1.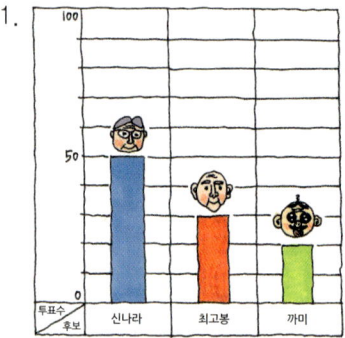
2. ①
3. 기울어진 정도
4. ① ○  ② ○  ③ ×
5. 동전을 던졌을 때 경우의 수는 앞면과 뒷면, 2다. 그중에서 앞면이 나오는 경우의 수는 1이니까, 앞면이 나오는 확률은 $\frac{1}{2}$이다.

**❺ 좌충우돌, 청와대 관람**

1. 기자들이 기사를 써서 각 방송국이나 신문사로 보내는 곳이야.
2. ④. 대문 → 지붕
3. ③

122

## 찾아보기

### ㄱ
| | |
|---|---|
| 개표 | 65 |
| 경우의 수 | 88 |
| 공약 | 77 |
| 공화제 | 40 |
| 국가 원수 | 16 |
| 국무총리 | 20 |
| 국무 회의 | 20 |
| 국회 | 28 |
| 군주제 | 39 |
| 그래프 | 82 |
| 기표소 | 63 |
| 꺾은선 그래프 | 86 |

### ㄴ
| | |
|---|---|
| 넬슨 만델라 | 51 |
| 녹지원 | 103 |

### ㄷ
| | |
|---|---|
| 대통령 | 16 |
| 대통령 단임제 | 59 |
| 대통령제 | 42 |
| 대통령 중임제 | 59 |
| 대통령 취임 선서 | 24 |
| 도박사의 오류 | 93 |
| 독재 | 44 |

### ㅁ
| | |
|---|---|
| 막대그래프 | 82 |
| 무궁화 동산 | 107 |
| 민주주의 국가 | 60 |

### ㅂ
| | |
|---|---|
| 보통 선거의 원칙 | 62 |
| 부재자 | 61 |
| 부재자 투표 | 61 |
| 부통령 | 72 |
| 비밀 선거의 원칙 | 63 |

### ㅅ
| | |
|---|---|
| 사당 | 110 |
| 사법부 | 18 |
| 삼권 분립 | 28 |
| 상춘재 | 104 |
| 선거권 | 60 |
| 선분 | 87 |
| 세종실 | 106 |

수궁터 ·········· 105

## ㅇ
에이브러햄 링컨 ·········· 50
영빈관 ·········· 107
원그래프 ·········· 84
의원 내각제 ·········· 46
의회 ·········· 41
이사벨 페론 ·········· 51
이승만 ·········· 44
일제 강점기 ·········· 44
입법부 ·········· 18
입헌 군주제 ·········· 41

## ㅈ
장관 ·········· 20
전제 군주제 ·········· 39
정치 ·········· 36
주석 ·········· 17
조지 워싱턴 ·········· 42
중앙 선거 관리 위원회 ·········· 55
직접 선거의 원칙 ·········· 63

## ㅊ
청와대 ·········· 100
청와대 본관 ·········· 106
총리 ·········· 46
춘추관 ·········· 102
충무실 ·········· 106
칠궁 ·········· 110

## ㅌ
투표 ·········· 61

## ㅍ
평등 선거의 원칙 ·········· 62
표 ·········· 80
프랭클린 루스벨트 ·········· 50

## ㅎ
확률 ·········· 88
행정부 ·········· 18